U0153929

愛情必修學分

—— Z世代的情感和性別關鍵字 ——

陳維平、徐婕、袁詠蓁、李王瀚、翁智琦、蔡孟哲——著

陳維平——主編

推薦序 / 為大學性別教育而開的六堂愛情通識課

林奇宏
國立陽明交通大學校長

陽明交大作為培育國內頂尖人才的學術殿堂，在引領產業繁榮發展、實踐社會責任之餘，也依據《性別平等教育法》成立性別平等教育委員會，於校園內積極關注及推動性別平等教育，營造長期友善的學習環境。不過在教學實務上，偶有聽聞老師或陪伴者苦於沒有一本適當的參考教材，能貼近當今年輕學子關心的話題，同時含括性別知識與實用課堂練習範例，以有效幫助師生們深入探討大學裡的愛情與性別議題。

《愛情必修學分：Z世代的情感和性別關鍵字》是推動大學性平教育、關心大學生愛情者的極佳學習指南；由多位傳播、社會、性別研究等領域的年輕學者合力編撰，更能設身處地的站在陪伴者角度，提供青年朋友具體可行的愛情先修知識，幫助大學生在嚮往戀愛時，能先理解及學習如何處理情感，更在親密關係中學習持續認識自我，進而肯定自我價值。書中雖然以「Z世代」的情感關係作為探討主體，但也進一步點出了不同世代間對於感情態度的異同；相同的是情感需求滿

足與否，在人生各階段都具有相當的重要性；不同之處則是過往至今的社會觀念變化很大，感情形式也變得多元，走入婚姻到白頭偕老不再是建立情感關係的唯一路線，也因為每個人都是獨特的個體，故沒有標準公式可以套用在每段關係中。

但關係的經營與維繫仍有其不變的策略，即是持續地溝通；而持續溝通的前提，是領悟到認識自己的重要性——了解自身性格、建立自我認同、正視自我需求，不將自身價值悉數寄託在他人評價之上，甚至理解到關係的變動也是常事，不能以成敗來評論感情，更不應將感情作為評斷自身價值的標準。

許多大學生視「愛情」為一門大學必修學分，透過本書的引導，我們將了解這個學分並沒有所謂的標準答案，也不會因學生身分的終止而結束。進入社會、年紀漸長後，仍需要時刻重視自己與伴侶的感受，並從經驗中學習與持續反思，建立面對感情的正向心態，因此《愛情必修學分：Z世代的情感和性別關鍵字》這本書裡所探討與關心的，不只限於身處大學階段的青年朋友，也是每個在乎親密關係的人，必須認真思考、不斷學習的人生重要課題。

衷心期盼年輕世代能夠在本書的幫助下，獲得情感上的指引，減少迷路迂迴的可能。不論關於感情的心之所向，步伐都能夠走得更加穩固堅定。

推薦序 / 好好談場青春朝氣的戀愛

張玉佩

本書策劃・國立陽明交通大學學務長

有位大三男同學一直很想嘗嘗戀愛的滋味。有一天，他在校園的咖啡店裡，遇見了一個笑容甜美的女孩，但他不知道該如何開啟戀情。於是他常常去喝咖啡、看著書，輕輕地在旁邊陪伴著女孩。當那個女孩離開時，他便默默起身護送著心儀女孩回宿舍。

這個情節看起來像是個浪漫故事的開端，但故事的發展是，這個男同學被提起性騷擾的訴訟。因為那個女孩嚇壞了，告訴學校教官有個不認識的男生常常尾隨著她到宿舍，她害怕的不知道該怎麼辦。

我作為理應陪伴學生成長的學務長，曾經陪著這位男同學排解心裡的鬱悶。我問他是怎麼回事？到底是怎麼想的？他說出的話令我印象深刻至今。他說：「我國中讀的是男校，高中讀的是男校。直接就到了大學，我還沒有學會要如何與女生說話。」男孩在熱門理工科系名列前茅，個性內斂而木訥，家裡就哥哥和他兩個男孩，稚嫩的臉龐上充滿著困惑與無奈。

在大學裡教書剛滿 20 年的我，在陪伴學生成長的過程中，感到最棘手的難題就是關於「戀愛」這檔事。若說老師的工作在於「傳道、授業、解惑」，那麼關於愛情的困惑，身為老師的我也常常解不開。每每只能陪著因為感情而受傷的學生，看著女孩們哭得眼睛腫的像煮過頭的冬至湯圓，男孩們不洗臉、不洗澡、全身臭烘烘地像被拋棄的流浪狗。除了心疼以外，我很希望可以做些什麼，來幫助這一代的孩子們。

從小學、國中、高中到大學，學校課程教會了學生豐富的知識與道理，但是關於「愛情」這麼重要的人際關係發展議題，卻常常是得靠學生們「自學」，要學生自己從坑坑疤疤的跌倒經驗裡，學會種種克服困難的方式。我回頭想想，難道教育不能好好地教會學生「如何好好確定自己的心意、好好告白」，或者是「如何好好分手、走出憤怒、離開傷心」等人生課題嗎？

於是，我商請本書主編、情感與性別研究專長的同事陳維平幫忙，為大學生編纂一本關於情感教育的教科書，以成熟的觀點來談談愛情的人生課題。針對學齡層較小的國中小或高中的性別教科書，對於大學生來說，是不夠的；親密關係的建立與維持是個終身課題，需要不斷地學習與調整。

經過兩年的細火熬煮，燉煲出了這本為大學生而生的情感專書《愛情必修學分：Z世代的情感和性別關鍵字》，我覺得非常值得。這本書，獻給被傳統男子氣概綁架的男性同胞們，願大家可以解放男性僵硬情感表達的枷鎖。這本書，也獻給總是被觀賞凝視、穿著性別期待小鞋的女性姊妹們，願我們都可以不用再承擔「天經地義」的女性責任或義務。這本書，同時獻給所有曾經困在情感蛹繭的人們，願我們都可以破繭而出、解放束縛，細細品味親密關係的溫暖與甜蜜。

推薦序 / 深具性平觀點的愛情學習

蘇芊玲
台灣性別平等教育協會監事
銘傳大學通識教育中心退休副教授

很多年前，有一次到還沒併校前的陽明大學演講，談性平與情感教育，聽眾大多是研究生。Q&A 的時候，有一個男同學說自己很想談戀愛，但念到研究所了，一次經驗也沒有，他不知如何跨出第一步。另一次，某大學傳播科系的學生做小組作業，研究有約炮經驗的大學生，希望我從性平角度給她們一點意見。我問：「找受訪者困難嗎？」學生說不會，PO 在網路上，就有很多人願意受訪。根據她們的研究，約炮世界裡，男多女少，女生因此擁有很大的選擇權，異性戀男同學如果被選中，會覺得自己運氣太好，十分開心。但問這些男生日後若想談戀愛、找比較穩定的關係，會不會在意自己的女友曾經約過炮？普遍回答：「會」、「還是不要吧！」

這兩個故事很有趣，讓我們看到當代年輕人感情的多樣與差異，有苦於經驗的缺乏、不知如何跨出第一步的，也有性行為已然十分開放的。但在看似開放的性實踐中，卻仍存在著矛盾，性別的雙重標準並未全然鬆動。正是因為這樣的多樣與並

存，談論或教導愛情是一件極為困難的事，很難有 one fits all 的道理，但愛情又是許多人的追求，影響人生至鉅，是一個不容迴避的重要課題，尤其教育。

20 多年前，草擬《性別平等教育法》時，在召開的許多公聽會和座談會中，很多人表示自己的成長過程非常欠缺性教育、情感教育和同志教育的學習，因而影響了他／她們自尊、自信的養成，缺乏營造人我關係的能力，而相關的社會支持也嚴重不足。2004 年《性別平等教育法》通過實施，在施行細則中因此特別標示這三個議題，希望各級學校務必積極落實。

感謝有一群年輕的大學教育者看到情感教育的重要性與需求，用心地書寫出這一本教材《愛情必修學分：Z 世代的情感和性別關鍵字》，分別從不同角度切入，循序漸進、娓娓道來，既有學理根據，又有實踐策略；既爬梳歷史沿革，也提醒自我反思。反覆貫串其間的，則是女性主義的思潮辯證，與性別多元平等概念的提醒。相信本書的出版，能提供教學者廣泛且適切的參考，進而運用於教學中，協助學生培養出深厚的性別意識與愛的能力；而無論是透過閱讀或課堂，Z 世代學生也能在本書所構築的綿密清晰的愛情版圖中，找到自己目前所在的位置，然後知所前往，勇敢、自信地打造屬於自己豐富且美好的人生。

主編序 / 愛情怎麼教、如何學？
在性別平權的路上同行

陳維平

　　情感生活經常被認為是個體成熟及大學生活的參照指標，然而，當中層出不窮的性別誤區卻有礙親密關係及個人認同的發展。《愛情必修學分：Z世代的情感和性別關鍵字》便是因應層出不窮的校園性平事件而生，希望以深入淺出的方式討論性別和情感相關概念，提供大學生及其陪伴者一套可供自學或於教學現場操作的教材，以回應當代社會及校園生活中普遍的性別及情感挑戰。

大學校園的情感與性別：教學者的反思

　　近年來，臺灣大專院校相繼開設情感教育相關通識課程或講座，提供學生討論空間，相關成果逐步累積，但仍面臨不少挑戰。從宏觀結構來看，現今推動情感和性別教育仍有賴社會風氣、教學資源，以及相關政策的整合；若是聚焦教學現場或性平調查事件可以發現，校園裡雖然開始談論情感關係的經營和維持，卻較少討論關係的「開啟」與「結束」，例如：提出

約會邀約或接受被拒絕的事實[1]。換句話說，將親密關係視為一種性別權力關係的展現，不僅是相關學術工作的命題，在實務上也能協助人們跳脫性別框架，避免忽視真實社會中的性別動態關係。

針對一般大學生的情感經驗，相關研究提醒教學者可以透過專家分享或參與主題工作坊，從幾個方向著手充實教學資源，包含：「情感的溝通與表達」、「情感關係與處理」、「流行文化與情感教育」、「日常生活的情感教育」[2]；並以學生為中心，透過實際案例有意識地檢視當中的性別刻板印象、浪漫愛商品化、美貌迷思或是階級歧視等現象，進而以個人行動逐步「改寫」這些現象[3]。

在正向鼓勵並陪伴大學生的情感探索時，也需要時刻留意相關課程和討論所反映的經驗（例如：性別二分或異性戀中心），是否再次強化既有的性別權力結構。又或者，選擇貼近學生日常經驗的性別議題與性別概念作為素材，並具體說明相關案例與大學生經驗的關聯與意義[4]。

當然，我們也不可忽略教育場域當中所隱藏並存續的性別價值和刻板印象，例如：學校組織文化（預設女性適合行政類領導）、性別差異的師生互動（對特定性別學生有刻板化的期

待）⑤。此外，對於多元性別的認識，也僅僅是開端，不同性／別經驗在情感教育與性教育上都有獨特的處境與需求，需要被認真看待並納入相關課程中⑥。換句話說，教學現場所提供的情感教育相關資源，需要持續地用性別的概念來檢視，老師或陪伴者亦不能將自己當作是性別和情感知識的權威，必須時時提醒自己要設身處地的換位思考，以避免強制灌輸道理帶來的刻意反抗。

與 Z 世代對話：年輕世代的情感生活

本書所面向的 Z 世代（Generation Z, Gen-Z，泛指出生於 1990 年代末至 2010 年代初的世代）大學生，經常被誤認為缺乏維繫長期穩定關係的能力，以致可能出現害怕或不確定自己是否可以進入穩定親密關係，這很有可能是因為現今社會風氣，時刻提醒人們必須反思自己「究竟要什麼」，而且必須「為自己的幸福負責」所帶來的影響⑦。

舉例來說，隨著資訊取得的便利性提升和資訊量增加，在探索愛情或是性別的路上，Z 世代其實相當擅於使用專業詞彙（如：人格分析、性別流動）來搜尋或定義自身或約會對象⑧，這也反映出追求與維繫親密關係對於大學生來說，並不如許多人預想的淺薄，而是反覆觀照自身的認同和需求後，從人

愛情必修學分
Z 世代的情感和性別關鍵字

際交往中找到自己和社會連結的方式。

　　至於在教學現場，這些看似百無禁忌的大學生，又是如何和相關的教學資源對話？其實，親密關係議題時常涉及隱私，就有教學者發現，同學因害羞而在課堂討論時選擇沉默[9]；也有不少文獻從教學者角度討論「應該授與何種知識」，但少有提及大學生參與相關活動課程的回饋或需求。如果進一步從探索大學生的愛情腳本[10]出發，或許能稍微揣摩現今大學生所面臨的情感困惑。比如，「男主動、女被動」的浪漫愛表現模式，或是年輕、俊男美女、異性戀中心的浪漫愛，仍是大學生對於愛情的普遍想像和期待[11]。這些現象在在說明，在「新」、「舊」規範和社會期待並存的當下，Z 世代大學生親密關係的實踐，也是性別認同的衝突、探索、說服、協商。

本書單元規劃及內容

　　根據前述針對臺灣大學生情感和性別教育，以及 Z 世代大學生感情觀的考察，本書開展出六堂課程，分別為：〈關於愛情：親密關係的動態、平衡與應對〉、〈性別角色：談一段沒有範本的戀愛〉、〈網路交友：訂製完美情人？科技中介下的愛情〉、〈認識自己：我就是我，跟你不一樣，又怎樣〉、〈認識親密暴力：勇敢說 NO，不要小看自己的力量〉、〈性

／別：非典型的情感樣態和親密關係〉，梳理面對愛情時社會期待與個體差異之間的矛盾、戀愛關係中的互動和交換、媒體科技為親密關係帶來的影響、性別化身體形象的文化意涵、親密關係暴力與伴侶衝突、多元性／別等重要議題和概念。

第一課〈關於愛情：親密關係的動態、平衡與應對〉，由徐婕老師帶領讀者認識自我價值在親密關係中的重要性，從社會發展的角度理解親密關係的變遷，並提供建立親密關係的具體原則。很多人以為親密關係是介於家人或戀人之間深層情感聯繫的靜態關係，但事實上，親密關係的定義和形式是動態的，會隨著個人與社會價值觀的改變而不斷轉變，這是本堂課述及的重點之一。

第二課〈性別角色：談一段沒有範本的戀愛〉，由袁詠蓁老師帶領讀者認識社會規範如何建構戀愛關係中的性別角色和交換行為，並學習在親密互動中更舒服自在。傳統性別規範賦予不同性別角色特定的責任和義務，但是隨著社會價值觀轉變，戀愛關係中的性別角色也開始產生變化。本堂課談到戀愛關係會透過有形和無形的交換行為持續發展，卻可能因為付出與酬賞不均而造成衝突等問題。

第三課〈網路交友：訂製完美情人？科技中介下的愛

情〉，由陳維平老師帶領讀者認識傳播科技的普及和使用，以及與親密關係實踐之間的關聯，並且理解手機交友和私密影像作為性／別文化的反動潛力與可能風險。透過本堂課對交友軟體使用、私密影像產製，或是社群媒體相關討論等現象發現，科技深刻介入並改變當代人際互動和我們對親密關係的想像，而其中仍需要留意「傳統」性別規範在「新興」媒體科技的變形和影響。

第四課〈認識自己：我就是我，跟你不一樣，又怎樣？〉，由李王瀚老師帶領讀者重新審視性別規範之下的社會關係，並思索性別框架中的宰制與壓迫如何形成與複製，以破解厭女文化的輪廓，引導我們思考性別氣質、性暴力與性騷擾等議題的背後，存在社會對於「慾望」和「美」的價值判斷，從而衍生出的性別、情感實踐問題。

第五課〈認識親密暴力：勇敢說 NO，不要小看自己的力量〉，由翁智琦老師帶領讀者認識親密暴力與數位性別暴力，並在建立親密關係時學會愛與尊重。我們明白，即便性別意識抬頭，但親密暴力仍與性別化的角色規範息息相關，甚至隨著數位科技演變，從而變形成為網路上的厭女文化。本堂課可提供進一步的思考，親密關係之間的衝突在性別不平等的權力關係下，很可能演變成親密暴力，而我們該如何預防與面對。

第六課〈性／別：非典型的情感樣態和親密關係〉，由蔡孟哲老師帶領讀者認識多元的性別腳本，並了解性別正義的重要性。本堂課主要探討近年女性主義與社會運動發展，「性別」的概念不再只是簡單二分的男／女，而是如同一道光譜，具有多元流動、曖昧複雜、分裂不穩的特性。此外，性／別也是一種將生理差異納入社會過程的實踐，受到不同歷史、文化、政治、經濟等因素影響，建構個人自身的認同，並指引人們日常生活的行動。但是，認同的差異也可能會從結構或制度層面滲透到每個人的日常生活中，逐漸形成刻板印象、汙名和歧視。全書末我們也特別整理及收錄教學相關的網路資源，以及近五年具代表性的中文延伸閱讀書目，希望可以作為讀者們進一步研習參考。

安排這六堂課的授課老師分別來自臺灣、韓國、新加坡、法國大專院校的性別研究和教學相關師資，感謝編撰過程中三位匿名評審所給予的寶貴建議，期許本書能從社會、文學、文化、歷史、傳播等領域發聲，回應大學生及其陪伴者在面對親密關係時的困惑和不安，一同在性別和情感議題的平權路上摸索前行。

⦂參考文獻

① 廖珮如（2018）。〈親密關係民主化中的男性情感教育〉，《性別平等教育季刊》，82，49-54。

② 林乃慧、孫國華（2021）。〈大學推動情感教育的意涵、困境與策略〉，《臺灣教育評論月刊》，10(5)，101-105。

③ 游美惠、蕭昭君（2018）。〈當代大學生的浪漫愛想像與經驗：兼論情感教育的開展方向〉，《性別平等教育季刊》，82，35-48。

④ 楊幸真、李淑君（2017）。〈開始翻轉：性別融入醫學專業素養課程〉，《性別平等教育季刊》，79，83-90。

⑤ 黃淑玲、游美惠（2018）。《性別向度與臺灣社會（第三版）》。巨流。

⑥ 劉安真（2018）。〈同志學生需要什麼樣的情感教育？〉，《性別平等教育季刊》，82，55-59。

⑦ Illouz, E. (2012). Why love hurts: A sociological explanation. Polity.

⑧ Kyung, M. L. (2022, February 14). Settling down: Romance in the era of gen Z. Yale Daily News. Retrieved from https://yaledailynews.com/blog/2020/02/14/settling-down-romance-in-the-era-of-gen-z/

⑨ 同註 3。

⑩ 李佩雯（2019）。〈大學生，性別平等了沒？：異性戀大學生愛情腳本之初探研究〉，《中華傳播學刊》，35，89-123。

⑪ 同註 3。

CONTENTS

如何使用本書

　　本書期待能為大學生陪伴者（包含教師、家長、輔導與諮商老師、助教、研究生等）提供系統化的課程單元架構和主題，同時，透過問答和活動的設計，提供世代對話的空間。

　　在接下來的六堂課程裡，每堂課都分別涵蓋「重要概念」、「問答」、「活動」與「反思」等四大部分，課程開始皆會先闡述和課程主題相關的重要概念和理論知識，透過國內外的研究和案例來檢視生活中常見的親密關係和性別議題。接著在「關於愛情，同學想知道」中，列舉大學生在親密關係和性別實踐中最實際卻也難以向他人訴說的困惑，提供可能（但絕非單一標準）的思考方向。

　　而在「課堂活動範例」中，則藉由暖身活動、課堂小組活動和課後活動，循序漸進地引導參與者理解親密關係和性別的多元樣貌，並加深相關議題的討論。我們也要了解，在親密關係和自我探索的旅途中，或許因為老師或陪伴者的年齡稍長，而有較多的人生經驗，但仍可能會有忐忑未知的時候，因此在每堂課程結束前，我們希望藉由「給老師的教學叮嚀」這個小單元，作為陪伴年輕世代成長時的反思指引。

如果你是老師／陪伴者，如何準備課程？

將本書六堂課平均安排在一學期 16 至 18 週之內，扣除一堂課程介紹及期中／期末週，搭配書中提到的課前引導問題、主題概念、討論素材與活動範例等作規劃；在講授主要內容後，進入練習與討論。又或者，可以根據教學現場的需求，單獨選擇其中一堂或數堂課來舉辦主題工作坊。本書在每堂課的最後有特別補充給老師的小叮嚀，也建議老師可以在課程開始之前預作瞭解；如果在授課或陪伴的過程產生些許自我疑惑，不妨也趕快翻閱這部分內容，以儲備更多能量，進而提供大學生更適切的陪伴與指引。

如果你是大學生，如何自修？

先閱讀本書每堂課的前半部分，藉此建立對該主題較清晰的輪廓；也可以試著在第二部分的問答裡，找找是否也有存在自己心底已久的疑問，將本書提供的回答和自己原有的想法與做法交叉比對，思考更合適的解決之道。當然，你也可以更進一步利用書中設計的活動範例，和同學、朋友甚至師長討論相關主題，試著和其他人交換與溝通彼此的經驗或觀點。

第一課

關於愛情
親密關係的動態、平衡與應對

課程重點

1. 增強進入親密關係前對自我的認識
2. 理解現代社會中不同的親密關係形式和展現
3. 認知與親密關係相關社會框架和個人偏好間的差異或拉鋸
4. 正視親密關係需要從錯誤中學習、修正
5. 肯定親密關係中持續開放、相互溝通的重要性

授課老師──────徐婕

瑞士聖加侖大學新加坡亞洲管理學院跨文化研究助理教授。德國海德堡大學社會學博士，專長領域為家庭移民、跨文化親密關係、性別與勞動、福利體制及政策。

「在一起一年多了，之前我們討論到交換學生的規劃，她本來也很有興致，最近也不知道怎麼了，常常講一講就沉默，問也不回應，怎麼會這樣？」阿凱總覺得自己摸不清女友晴晴的實際想法，兩人的感情和溝通似乎遇到障礙，苦惱地和室友談起目前的狀況。

　　在探討親密關係的經營、互動、應對和平衡之前，請先花點時間檢視自己對親密關係的理解：我們如何定義親密關係？[1]這樣的定義從何而來？又，我們都藉由哪些管道習得親密關係的互動模式和型態？

在成人「前期」或「初期」的大學階段，無論是否談過戀愛、已經進入且體驗過雙方皆認定的親密關係，或是稍稍累積了一點想法和體會，當回想起自己的成長過程，能作為我們戀愛經驗模板的，往往是身邊年長的家人或親友，或是透過電影、戲劇、音樂影像作品，甚至是社群媒體平台上關注度極高的事件，形塑了我們對親密關係的想像。

　　像是臺灣 2021 年破億大片《當男人戀愛時》和叫好又叫座的電視劇集《俗女養成記 2》，這兩部影視作品所呈現出的親密關係，無論在形式、互動及動態平衡、情感表達方式和性別框架上都截然不同。而我們在觀看、閱聽當下所累積的生命經驗多寡，也決定了這些媒體影像對自我親密關係想像的影響程度高低。換句話說，隨著時間推移和人生經驗的增加，加上受到外在社會氛圍變化和主流文化、媒體左右，我們對親密關係的理解也應是變動的。

　　修習本學分的第一堂課，我們希望能先提供大學生一個審視自我的契機，也為未來的親密關係超前部署——如果我們期待開展親密關係，同時期盼這是一段正向且能成就更好自己的歷程，就必須更深度地反思自己和家人間的關係、溝通方式，並理解現代親密關係和以往情感框架的落差，學習有效且持續的溝通。以下將從自我認識和價值出發，探索過去和現代社會

中親密關係的轉變，點出思想和實際執行面上的落差如何影響親密關係，最後提出經營正向親密關係可遵循的溝通原則。

先學會認識自己：親密關係與自我價值

親密關係是一種深化的人際關係，常廣泛地被理解為家人或戀人之間深層的情感聯繫。在我們討論現代親密關係更多元、彈性的可能性前，必須先說明此處所指的親密關係主要反映英文 intimate relationships 中浪漫情愛的脈絡，且多半是不超過「兩個」個體間，因戀愛、交往所產生的緊密情感連結，通常也包含身體上的親密行為。

簡單來說，親密關係的本意是強調兩人在互有好感的前提下、彼此確認心意後，在心理和生理上建立某種程度具排他性的連結（絕大多數狀況），也在此基礎上與對方分享自己的生活、時間、精力等各種資源，但並不等於具備法定關係（例如：婚姻或民事伴侶）。換言之，基於情感緊密連結的基礎，不具法律層面意義的同居、戀愛，甚至選擇性的分居交往關係（Living Apart Together, LAT）和受法律認可的婚姻，都可被視為親密關係的一種型態。

由此可見，兩人基於好感而建立的親密關係，和其他類型的人際關係（如：家庭或朋友關係）並不相同。我們認知中的家庭關係多經由血緣及法律確立，家人間往往因血緣能較無條件地給予愛、關懷、精神或物質支持，也透過外在規範產生權利及義務關係。相較於親密關係，父母與子女間的連結通常具較高的穩定性，而朋友關係雖然也建立在雙方個性、志趣嗜好或想法上的意氣相投，但朋友關係少有排他性（也就是不排除對方和他人發展友誼），資源共享的程度通常也少有「一對一」及「不可取代」性。進一步來說，朋友關係不一定需要具備許多在家庭關係中被看作理所當然的同理、調整、妥協、犧牲，反觀在親密關係中，我們卻常常期待上述需求能被滿足。事實上，維繫親密關係的最關鍵因素便是藉由雙方認可且持續的情感連結，進而做到開誠布公的討論和溝通，也才有彼此「自願」為一段關係付出的可能。

當我們思考自己現階段的理想交往對象時，可能每個人都可以列出一些具體條件，像在大學階段或許會把品性、興趣、科系、外型、談吐、畢業後規劃等視為選擇親密伴侶的要素。若有使用網路交友軟體的經驗，應該就能體會這些條件被簡化後的指標，會成為我們快速瀏覽、左刪右選的依據（本質上與早期婚友社列點尋覓對象的方式相同），但這些多是單方面「靜態的」客觀條件，而親密關係中的動態樣貌，是在雙方互動後才能看見的。因此，對自身有足夠的認識，包括了解自己的個人特質、期望的溝通方式，以及對親密關係的期許等，才應該是決定走進一段交往關係前的先備功課，但其重要性卻常常被忽略。

首先，釐清自己與原生家庭間的相處模式和情感連結是認識、深刻了解自己過程中不可或缺的一步。每個人的成長環境除了對人格養成有舉足輕重的影響，父母間的互動模式（或是家人、親友圈內）更提供了一套我們認識親密關係的樣板。家庭內部的完整、和諧與否不是父母或子女單方面可以決定的，但在子女成長的過程中，父母間的互動方式無疑提供了一種常態準則，不論你喜歡或接受與否，我們在評斷或想像自己的親密關係時，都會內化這樣的成長經驗，潛意識或刻意地仿效或將其排除。

另一方面，自我價值的建立（也就是懂得珍惜、欣賞自己以及自信的展現）除了受學校同儕互動而形塑外，一大部分也與父母的互動高度相關。自我價值的穩固是建立正向親密關係的必要條件之一，在兩人關係中，若其中一方對自身不夠了解或沒有自信，將有可能成為關係中的預設弱者，甚至慣性視自身為應該配合的一方，而對方也將理所當然地這麼認為。如此一來，便是間接將個人的「未知」因素（自我意識[2]的不明確）帶入雙方溝通中，而難以達到實質的對等和開放溝通。

因此，練習檢視自己是否能指認父母或家人親密關係互動的樣貌（是否溝通、如何溝通、如何「吵架」、如何表達意見，以及面對分工和彼此權利義務態度等），或是反思自我認識的程度和自我價值的穩固與否，都能使我們在進入「感性衝動大於理性思考」的交往前，更清晰地描繪出自身帶進關係裡或投射感情中的初始期待。

今昔不一樣：過往和現代社會中的親密關係

正如同兩人間的親密關係是動態的，社會上存在且被接受的親密關係定義、形式也持續轉變。我們由原生家庭、同儕互動中衍生出對親密關係的想像、準則，也會隨著我們交往經驗

的累積而調整。但在現代強調個體性、自我實現、性別平等和自由選擇的脈絡下[3]，親密關係的本質與樣貌和上兩個世紀的主流都相去甚遠。在《為什麼愛讓人受傷？》（Why Love Hurts）一書中，作者伊娃・易洛斯（Eva Illouz）便從社會學角度剖析現代性（modernity）對愛情和親密關係帶來的變化[4]。

在交通、科技進步及全球化的今天，我們被置於一個「看似」具多樣化選擇且「即時交友」普遍的環境中，對社會人事物接觸的廣度和可能性，相較於過去多以地緣或家族人際網絡展開的擇偶方式有顯著不同。但除了結識伴侶的方式更多元，追求模式、慾望和承諾關係以及最終目標或意義的轉變，亦凸顯了今昔差異。

在過去父權意識濃厚的社會裡，男女間的不平等或男強女弱的設定不只顯現在追求過程及親密關係互動中，也透過法律規範制度化[5]。主流社會的婚姻之所以有高度必要性，大多是為了建立與鞏固身分地位、子嗣延續、生養「兒」女，以期能合法繼承，女性亦必須透過婚姻關係確保經濟無虞等[6]。也因如此，似乎所有無法導向婚姻關係的戀愛或情感都將流於徒然。在過往仕紳階級禮俗、名譽和道德的框架下，與他人建立親密關係的目的就是為了「結婚」、「繁衍後代」，從引薦撮合、男方表示好感及追求（也可能跳過此階段）、表達意向到

愛情必修學分
Z世代的情感和性別關鍵字

求婚等步驟，目的性明確，少有模糊空間。

　　而在西方社會，如易洛斯書中提到珍‧奧斯汀（Jane Austen）小說裡的情節，常細緻地從兩性角度看不同身分、階級之於婚姻的關係和約定俗成。在 18 世紀，求愛講求的是過程是否風度得體（decorum）、階級相襯，以及財產的重要性。在時間、資源有限，而要覓得理想配偶的前提下，就算雙方有好感，也必須先考慮外在物質條件或先賦地位（ascribed status）是否匹配。像李安 1995 年執導的《理性與感性》（*Sense and Sensibility*）[7] 或 2005 年電影版的《傲慢與偏見》（*Pride and Prejudice*）[8]，便對「求愛」（courtship）背後認

定的婚姻價值有深刻描寫——財產多寡被視為婚姻是否可行的判斷依據，而信守婚約承諾則代表品行人格良好。換言之，過去的婚姻是確保個人在社會中的固有位置，是具強烈功能性及與階級緊扣的制度；情感或親密關係更像是婚姻的附屬品，有則佳，但也非必然。

時至今日，雖然在法律和制度層面上，婚姻仍保障某些權利義務，但其他如民事伴侶關係（civil union, civil partnership, domestic partnership）的選項也在許多國家如法國、荷蘭、加拿大、巴西等有同樣效力。更重要的是，親密關係和婚姻關係已經不必然被劃上等號。在講求平等、自我追求的現代社會中，不論男女皆可以在情感和性關係上展現高度自主性，且慾望與承諾不再如同以往被互相緊綁。

在個人有意識且自我負責的選擇下，有些人想尋找身體上的親密伴侶，不希望帶入太多牽絆和感情；有些人只是想單純享受戀愛的新鮮感；也有些人在不考慮婚姻的前提下穩定交往；更有些人在達成雙方共識的情況下進入開放式關係。相較於過往的建立親密關係較像是基於追求匹配、生命延續和仰賴承諾的穩定婚姻「契約」，現代的親密關係在形式、樣貌及定義上都更加多元。

在這樣的轉變之下，人們在尋覓伴侶時，多半更希望能尋得超脫階級和世俗條件，只建立在雙方互相吸引、相處自在的純粹關係（pure relationship）和浪漫愛（romantic love）上[9]。然而，正如易洛斯指出，一旦親密關係的開展和維繫與階級、身分脫鉤，其成敗都將回歸「個人特質」，也就是在高度個體化、強調自由的社會裡，我們更容易將在親密關係中遇到的挫折歸咎到個人層次（不同於以往著眼個人在社會中身處的位置）。對那些渴望發展親密關係的人來說，也更傾向採取「自助、自我修練」（self-help, self-work）以調整自身行為模式，來因應現代社會中「人選多如過江之鯽」，但「過盡千帆皆不是」的焦慮。

如今，許多人開始更在意自己、在乎自身的個人幸福，不排斥獨身生活，若想追尋理想中的「純粹關係」，則希望彼此（權力）對等，且跳脫性別從屬。因此，在與另一人建立親密關係前，雙方勢必要有明確的「交易式」溝通才可能取得共識。在認知到現代親密關係的本質後，我們或許更能明白了解自己特質的重要性，也應該藉機審視自己偏好或能接受的親密關係型態。

又平等又傳統？思想到位，行為改變遲緩？

上述親密關係的演變主要聚焦於歐美國家「異性戀」的討論，闡明了重視個人發展和選擇的現代社會中，不論是交友管道或關係的本質，都有了根本的變化。但在性別主流化及同性伴侶婚姻權益逐漸法制化下，也適用於討論同性間的親密關係。不論我們的性向為何，在考慮交往、進入親密關係前，甚至是已身處於親密關係中，都需認識自己、反思自己對感情的預設期待。雖然我們都成長在相對自由且肯定個人特質及選擇的時代，但不可否認的是，我們仍透過父母與長輩的耳提面命或大環境隱形制約，承襲了一些社會期待、刻板教育和傳統親密關係的框架，自情竇初開的青春期起，不同生理性別的戀愛腳本、擇偶條件便可能有極大差異。

在典型的性別刻板印象中，男生多被預設為採取主動的一方，女生多被叮嚀要潔身自愛。隨著進入社會，逐漸來到長輩口中的「適婚」年齡，男性的工作成就常被當作成家指標，而且「最好」能找個會「照顧家庭」的伴侶；女性則被殷殷教誨要找個「疼惜」自己的對象，除了有所謂的「最佳生育年齡」，生育計畫和決定似乎是家中長輩、遠房親戚、鄰居阿公或阿嬤，甚至是素昧平生的計程車司機、偶遇對象都可輕易置

喙的。諸如此類的現況，反映出原本應是侷限在對象間的親密關係，仍無可奈何地透過世俗的性別、道德和婚姻框架被放大檢視。社會制度和結構中固有的男性主導、女性從屬（嬌羞靦腆）的階序，深化男性「養家」、女性「照護」的性別分工，彰顯了婚姻、成家與親密關係（尤其性關係）的密不可分。

在性別平權主流化的今天，即使我們努力透過教育、文化交流、同儕互動、自我探索，在個人層次上跳脫傳統情感框架，進而傾向認同親密關係的多元定位，但世俗的行為模板和男女兩性間既有的權力不對等並未消失。當我們享受現代社會

和觀念所帶來的解放，渴望自由地追求心之所向時，卻仍以婚姻這個傳統上用來穩定社會、家庭關係的機制為最終目標，兩者必然產生矛盾，造成「浪漫愛」和「承諾」的難以兼得，也是現代人談情說愛時常感到迷惘的主因 [10]。

其實，同樣的邏輯也適用於同性伴侶。在我們肯定臺灣同性婚姻合法化是性別平權的一大突破時，投身 LGBT [11] 權利運動的美國文學學者芬頓‧約翰遜（Fenton Johnson）卻對「視同性婚姻為平權運動的終點」提出警語。他認為，若我們以異性戀常規底下的婚姻制度來衡量平權運動的進步，無疑限縮了平權的想像，也等同視異性戀價值為親密關係的基準點 [12]。總歸來說，我們或可用「思想到位」但「實踐與行為停滯」來理解在親密關係上個人價值和社會框架間可能的落差。

大學階段相對來說的個體自由度較高，上述這些擔憂或許言之過早，許多人可能要等到年齡稍長、進入社會後，才會切身經歷到傳統框架對個人以及親密關係的影響，驚覺我們的行為和選擇不只取決於自己內化和認可的價值取向，也會受外界和家人所傳遞的觀念左右。本堂課想要提醒的是，正因我們無法完全離群索居，以及不易完全跳脫世俗眼光或框架，因此深刻認識自我和正視自己想要的親密關係就更顯重要，才能避免落入只是「迎合」或「複製」符合外界期待的親密關係模板。

讓我們持續對話：親密關係溝通的必要性

除了前面提到「持續」認識自己和自我價值的建立是正向親密關係的重要前提（例如：懂得正視自己的需求、不將自我評價的高低完全建立在他人看法上、認同自己是獨一無二且值得被愛的），當兩人進入「具某種共識」的交往階段，如何維繫情感連結，並透過不斷溝通取得關係中的動態平衡，也是一門需要學習的課程。

我們的溝通方式隨著對象為家人、伴侶、朋友、師長、同學或同事而有所不同（舉凡傳統父母對子女的權威命令、迂迴不明或透過中間人的非直接溝通、甚至完全杜絕溝通可能等），但不論方式為何，有效的溝通需要雙方皆有「準備好聆聽、理解對方」的心態，而不是只想「說自己想說的話」。

在現實生活裡，也不能全然排除從屬模式的存在，有時看見一人主導，另一人全然配合的相處模式，似乎也未產生溝通障礙或經營問題，可見親密關係的互動有多重樣貌。但請務必了解，雙方交往需對等、互相尊重，以及建立於同理基礎上的重要性。雖然每段親密關係的狀態都不盡相同，但若我們希望關係中的雙方是對等、互相尊重的，或可把握以下幾項原則：

原則一、願意付出或調整的心態

認知並了解自己每個階段的需求和狀態，是展開親密關係前的重要先決條件。兩人的相處比起單獨面對自己，勢必要付出更多的時間和精力，需要相互調整，原有的生活方式、習慣也可能受到衝擊，若心態未準備好，或在還沒有餘力與另一人磨合前，或許先專注經營與自己的關係較好。

原則二、沒有「天經地義」的責任或義務

在家庭關係裡，由於父母和子女間的互動和權利義務，是由血緣而來，因此常流於理所當然。傳統上男強女弱的親密關係形

愛情必修學分
Z世代的情感和性別關鍵字

式，其實也預設了性別角色和分工，或隱或顯地規範伴侶雙方應盡的責任和義務。但不論何種關係，天經地義或理所當然的背後隱含的便是「權力不對等」。

理想中平等的親密關係須建立在「善意溝通」的基礎上，小至晚餐選項、垃圾誰倒、包裹誰領，大如財務分配、人生規畫等，過多的臆測或先入為主的設定都容易導致雙方認知和行為差距，甚而引起誤解、失望和情感的消耗。與其要求對方和自己「心靈相通」，不如透過直接且明確的溝通，即時理解彼此想法，拋開「愛我就應該……」的邏輯，以對等的話語權和溝通方式協調彼此的期待和需求，一同應對遇到的問題和挑戰。

原則三、保有自己的底線

如果我們能夠好好認識自我和定義自我價值，在親密關係中也能掌握相對平衡的權力關係。我們都希望展現自己最好的一面（至少在熱戀時期），能夠被愛並受到另一半重視，但往往因為如此，會潛意識地配合對方的需求或想法，甚至不自覺地妥協和讓步。若雙方未有誠懇的溝通，只有單方面的默默耕耘，除了容易在感情中失去自己外，也間接型塑了親密關係間的不對等互動及單向的調整模式。舉例來說，不管是在生活方式、工作發展、家庭生活經營等議題上，若因未能認清自己的偏好，或是為了順應對方，一味下修底線，長期來說，會對自己

造成無形的心理壓力，無助於親密關係的正向發展。

原則四、是「協調」而非「改變」

親密關係中有互動心態的「金三角」，除了前述原則一、三提及的開放心態，願意在保有自己底線的情況下溝通、折衷和調整外，也包含「不以改變對方為目的」。在忠於自己真實樣貌的同時也應認知到，親密關係本就是由兩個來自不同背景、成長經歷、人格、價值觀的對象所共同建構的，想要強加單方面的想法在另一半身上，希望對方能為自己改變行為模式甚至個性，是不切實際且對感情穩定無益的。

原則五、正視不合適

請務必明白，對等、尊重、開放理性的溝通絕對有助於經營理想中的親密關係，但並不能擔保如此一來愛情就能長久，因為價值落差或是生涯規畫分歧，都可能是極難或無法化解的，請正視彼此加深的歧見和疏離，即時體認到彼此的需求或已不同，或已漸行漸遠。儘管跳脫自己可能已經習以為常的舒適圈，比視而不見、無謂的僵持和爭吵更需要勇氣，然而親密關係既建立在需要動態維繫的情感連結上，自然無法也不該流於「習慣」，覺得反正早已習慣了爭吵、漠視，甚至肢體衝突，而勉強自己留在一段關係中。

總而言之，親密關係中的平等實踐並不容易，並沒有一套「單一標準」的親密關係模板，畢竟關係中的權力動態也與伴侶自身特質有關，但以開放、理性的態度進行溝通，絕對有助於找出雙方最適合的互動方式和交往型態。最重要的是，必須清楚親密關係的經營本來就需要練習，感情的結束或挫折都是情感過程的必經道路，這些過程與學習也督促著我們更了解自己。若能抱持著「經營自己、認識自我」的心態，避免以「成／敗」視角來看待感情，或許就能更豁達面對我們生命中的每一段親密關係。

關於愛情，同學想知道

Q1 怎麼樣才算是夠認識自己，尤其在親密關係中？認識自己對親密關係和感情有什麼好處？

我們的想法和生命經驗會隨著年齡增長或有不同，因此，認識自己是長期的功課，注意自己在各種人際關係互動裡的樣貌，也能幫助我們更了解自己在面對責任、承諾、情感牽絆時的處事風格。「認識自己」並沒有絕對的終點指標，也不是一項隨著歲月過去便可自動習得或累積的能力，需要有意識的反思練習。但客觀上來說，我們追求的應該是在人生的每個階段都能夠做出對當下的自己最適切的選擇。

在大學階段的親密關係中，需要考量的因素可能還不涉及工作、長期生涯規劃、雙方家庭背景等，純粹著重兩人相處上的契合與否。但若此時與對方的交往和互動，影響到自己與家人或朋友的既有關係，又或者耽誤自己原有在校內的學習規劃，甚至是造成心理負擔，就必須格外注意。

當我們察覺到兩人的溝通方式、調整幅度、情感回應等逐漸偏離雙方對等的原則，就算這些改變尚不足以讓我們產生負面情緒，但已有疑惑或不確定感產生時，即應該積極思考目前的親密關係是否還能為自己帶來快樂和正向的感受。也就是說，請不要忽略或正當化自己主觀的負面情緒。當我們能透過回顧過去每段

關係（包括原生家庭）中自己的角色和感受，深刻地認識每個階段自己的需求和偏好，了解自己到底為了什麼（如：愛、陪伴、依靠、肯定、方向等）想要開展一段親密關係，且思考這是否符合「對等的」親密關係樣貌時，或許更能夠發展出一段更加平衡且有助於自己的正向親密關係。

Q2 如何確定想要的親密關係是哪一種？親密關係的型態有沒有好壞之分？自己想要的關係和另一方不同怎麼辦？

隨著社會風氣改變和強調性別平等的個人自由選擇，今日的親密關係可以有各種樣貌，關注的討論除了情感層次外，也不再將慾望和性視為隱晦的議題。不管親密關係的型態為何，只要能建立在開放溝通、權力對等、尊重和同理的基礎上，能為自己帶來正面感受，「理論上」除了目的可能有所不同，親密關係並無好壞或優劣之分。

話雖如此，本堂課仍想強調社會框架和現實既有的不平等，如今仍未能完全破除。首先，男女兩性所受到的社會規範並不在相同基準上，以美國知名歌手泰勒絲（Taylor Swift）來說，即使在「兩性平等」意識主流化的今天，她的感情生活較美國樂壇或好萊塢男星來說，仍受到更高標準的放大檢視，甚至成為揶揄的對象[13]。真實世界裡，即使我們追求自主的愛情選擇，仍無法完全避免外界的觀感或禁止他人對個人選擇表示看法，當然，我們或許能忽視無關緊要的人對自己的惡意評論，但若這些意見來自家人、朋友、同學、同事，並對自己造成影響時，就必須釐清評

論的本質和自我認知的差距是否合理，並思考怎樣的選擇和關係是對自己最好的，而「不是將自己置於他人的耳語中」。

在親密關係中，若察覺到對方偏好的關係型態和自己不同時，首先要開誠布公的溝通，了解彼此的底線和最大公約數。在對等的原則下，或許可以為對方做出有限度且適當的調整，但若兩人想要的關係型態有明顯落差，例如一人追求走入婚姻，另一方追求開放式關係，並非誠摯溝通便可動搖的話，此時更重要的是提醒自己慢慢抽離，調整心態並適時退場，正視不合適的關係也是愛情的重要課題。

Q3 為什麼我的親密關係總是不長久？為什麼感覺我愛對方總是多一些？

如果發現自己在親密關係中總是重複著同樣的歷程，例如總是選擇年齡較大或身分地位遠高於自己的對象、快速墜入情網、交往不久即對另一半感情倦怠，或是明明跟不同對象交往，卻是如出一轍地溝通失效或落入相同爭吵模式，或是總是以不盡理想的分手方式收場，那麼此時最重要的是多花些時間與自己相處，試著找到問題癥結，而不是無縫接軌地開展新的親密關係，樂觀期盼「下一次的狀況會有所不同」。因為，若沒有找到並肯定自己的價值，可能會轉向從親密關係找尋慰藉，只想快速尋求肯定或愛，但這樣的出發點是「高度且迫切地」希望得到反饋，反而容易傾向單方面付出或是一味改變自己行為，只為了迎合對方。

回到前文對權力平衡的討論，當我們在交往或親密關係中追求成為被照顧者，或自初期便扮演付出、配合和犧牲者的角色，便是自己一手塑造和默許了關係中的權力不對等。不管關係中的另一方如何看待這樣的關係模式（或許有人樂見其成，也有些人會感受到過多壓力），長期單向且失衡的情感互動，不但不利於親密關係發展，更會加深自我價值低落，進而落入「只能轉向親密關係以求得肯定」的惡性循環。

Q4 好朋友與男/女朋友吵架，身為第三方，我可以怎麼做？

不論我們是向朋友尋求意見的當事人，或者是被徵詢意見的友人，基於彼此熟識的關係，在尋求支援或給予意見時，有兩個需要把握的重點：第一是了解朋友之間交換意見的最終目標是什麼；第二是彼此都要知道，給出的建議不太可能完全中立。

就第一點而言，站在朋友的角度，在傾聽事件的描述或癥結之後，應該先釐清朋友「向外求援」的主要目的為何。有些時候是找尋聆聽者，希望能發發牢騷、抒發自己的委屈、排解內心的鬱悶，倒不一定需要友人提出實質建議。有可能只是想尋求同理或驗證自己的感受，期待友人從自身經驗出發並分享對事件的感受及想法，同時檢視自己的觀念和做法是否合宜。

也有的狀況是面對無解的情感難題束手無策，亟需朋友集思廣益，共同商討應對方式。舉例來說，友人可能心中早有定見，純粹只想尋求心理支持和共感，除非對方行為或想法明顯偏差

（如：有意造成他人或自身的傷害、疑似觸法或犯罪）必須及時指正，否則身為聆聽者，我們在一開始可以做的，是衡量自身可承受度後，釋出陪伴及理解的訊息。

若友人尋求的是確切應對策略和處理方式，則傾訴者與被諮詢者兩方都必須認知到上述第二點的侷限性。面對情感關係的衝突，即使是與雙方當事人彼此互不相識的第三方，都很難在判斷狀況時不帶入個人意識或價值觀，更何況與自己交好的友人。而且在沒有辦法獲得雙方說法的情形下，單憑一方片面資訊也較難達到「中立」的介入或評判。

身為友人的優勢在於比較了解朋友的個性和思維，能從另一個視角陪伴、一起換位思考，並找出情感衝突的源頭。一旦能夠找到衝突點，身為被諮詢者也才能嘗試提出解決衝突的可能性和建議做法。但在提出這些建議的同時，必須認清自己無法全然中立，並提醒對方這些建議的參考價值可能有限，也讓朋友理解即使能透過親友獲得穩固的情緒支撐，在兩個人的親密關係中，仍需靠良性溝通、自我調整或深刻反思，才可能解決自身的情感問題。

Q5 家人、朋友或師長對我的交往對象很有意見怎麼辦？

「自我認識」對於親密伴侶的選擇及關係經營來說相當重要，與我們緊密連結的家人和師長朋友，因為和我們的關係不同，也可能對我們的交往對象有不同層次的期待。由於家人間常有理所當然的要求、妥協、犧牲，但卻不一定會在自己有情感問

題時開誠布公的交流，若缺乏順暢溝通，家人只能仰賴有限資訊來拼湊出自己交往對象的樣貌時，便可能會因為關心、擔心這段關係對我們帶來的影響，而與我們產生意見不合或爭吵的狀況。

此時，可以先試圖理解家人對自己這段關係感到不開心的原因是什麼？若是因為家人與對象彼此不熟悉，可以先瞭解家人感到疑慮與困惑的點後，協助雙方展開對話。不過，若家人是因為我們的性傾向而對交往對象帶有異樣眼光，此一價值觀上的衝突，恐怕在短時間內無法改變，就必須更有耐心地持續溝通。但在相互理解之前，請相信並誠實面對自我認同是沒有錯的。

若對交往對象的批判來自對自己了解甚深的摯友，同樣宜先理解友人的疑慮與立場，在適時表達自己意見與回饋後，將這樣的建言視為真心的善意。而若是關心自己的師長特別點出交往對象的缺失，也可以從正向角度思考對方的心意。

無論親密關係的成功或失敗，談戀愛都是一個學習、瞭解自己的過程，大多情況都是希望親友或是師長看見交往對象吸引自己的特點或長處，進而認同自己的選擇。對於他人的意見，除了多用正向解讀之外，更重要的是能夠藉機審視自我認識的程度，更深刻思考自己對交往對象的認識是否有不足之處。

課堂活動範例

暖身活動

請同學花 1 分鐘思考:「我們如何定義親密關係?這樣的定義從而何來?」並邀請 3 位同學分享自己的看法,依據同學們的分享,引導並點出本堂課提到的親密關係,主要指的是由無血緣關係的兩人出於對彼此好感,雙方密切互動交往後,合意發展出的情感連結。在此基礎上,再花 1 分鐘討論「我們都藉由哪些管道習得親密關係的互動模式和型態?」請另外 3 位同學談談自己觀察到親密關係樣貌的場合、情境和想法。

小組活動

活動 1	親密關係:從認識自己開始
活動長度:小組討論 10 分鐘,全班共同討論 15 分鐘 分組人數:3 至 4 人／組	

小組成員自由列舉並記錄現代社會中親密關係可見的各種形式(如:單戀關係、曖昧關係、正式交往情侶關係、婚姻關係、同居、性伴侶、開放式關係等),接著請同學提出這些關係的定

義、特點和當中所涉及的「期待」，並思考、討論這些關係與目前「主觀感受」社會外在框架間的潛在衝突或矛盾之處。最後邀請 2 至 3 位同學分享自己的想法在全班討論後是否有所改變。

需要注意的是，這個討論活動並不以「調查」與課同學的親密關係偏好為目標，而旨在提供大家集思廣益、彼此想法激盪的場域，具體化理解親密關係的多種可能性。活動尾聲 15 分鐘的共同討論，除了讓各組互相交流彼此對不同形式關係的見解外，也提供一個與自己對話的機會，在團體如社會縮影的狀況下，提前檢視個人價值、意識形態和理想中親密關係的關聯。

活動 2	溝通就是自找麻煩？學習溝通與面對的勇氣
活動長度：小組討論 20 分鐘，全班綜合討論、小組呈現模擬溝通情境 5 分鐘	
分組人數：2 人／組，隨機分組，不限定性別	

每組派一位代表抽出一種溝通方式（如：權威式、平行無交集式、開放溝通式、中間人傳話式、迂迴不明式）[14]，接著請各組回顧自己在成長過程中原生家庭或身邊所見親密關係的樣貌和型態，並進一步討論當中是否存在特定的溝通方式和例子，若有，則可討論是採行何種溝通方式、效果如何。

接著再就親密關係交往中，可能需要溝通和協調的議題模擬練習，議題選擇可盡量貼近大學階段交往中可能遇到的狀況，但請先設定同一組別的兩人對選取的主題各持不同意見，以利進行溝通練習。舉例來説，周末活動安排、生活及衛生習慣、遠距戀情的見面次數和方式、畢業之後各自規劃（就業或求學）、同住期間食衣住行等相關家務分配和決定，都是可開展的主題。

在討論時間結束後，不管是否達成結論或協議，請花 3 分鐘檢視雙方的溝通方式，是否大方向依循前述提到的溝通五大原則，也請反思在何種脈絡和前提下，我們較願意敞開心胸聆聽、確認雙方意向，甚至做出讓步。最後請每組花 2 分鐘就溝通練習主題、溝通所遇挑戰和溝通過程的樣貌與全班分享。

必須提醒的是，這個模擬情境無法複製真實生活中我們對另一半的情感基礎，但提供了一個「有意識」的練習機會，在討論過程甚至可能出現明顯從屬關係的權力動態平衡。因此，在對方完整陳述自己想法和出發點後，最好能夠以自己的詮釋表達一次，確認雙方對各自主張的理解。

課後練習

親密關係中的有效溝通並非一蹴可幾，建議大家可以從父母或身邊親近的長輩開始練習。如同本堂課一開始所提，家人間被視為理所當然的「權利義務」關係常導致不對等的單向溝通。我們可

以提醒自己，面對家人長輩的疑問、要求和想法時，都可以用自己的話複述一次，確認雙方理解相同。面對批評或負面情緒，則要試圖釐清對方想法，正面回覆並接收對方善意，再明確表達自己態度。肯定對方訊息的溝通方式，可以避免平行無交集的無效溝通，也是增強親密關係溝通技巧的極佳練習。

"

有時也需要從戀愛的經驗、失戀的挫敗

和分手的痛苦中，摸索出最適合自己的

親密關係型態和互動模式。

"

▋給老師的教學叮嚀

1. 保持開放態度

本堂課的核心概念為現代社會中越趨多樣化的親密關係形式，我們必須明白大學生所屬世代的成長經驗和社會脈絡，已與部分教學者有極大差異。現今除了更強調個人選擇、自我實現的主流價值和更為開放的性觀念以外，大學生所熟悉的媒體訊息和新興交友方式等，都可能提高對不同關係形式的接受度。老師最重要的是傳達正向且有助於同學自我發展的互動方法和情感觀念，但不限縮親密關係的形式和樣貌，並應盡力保有開放的態度，避免帶入太多個人主觀的意識形態。

2. 察覺現實和教學目標間的落差

呼應前文討論思想和行為實踐不同調的情況，在同學成長過程所見「成功」或「運作無虞」的親密關係案例，當中會有關權力平衡和溝通模式的面向，並不一定吻合本堂課要傳達的「對等關係典型」。早期社會中常見的「嫁雞隨雞，嫁狗隨狗」，或由男性一肩挑起所有責任的穩定婚姻及親密關係型態，顯然與當今性別平等概念有所出入。我們很難、也不應該一概否定這些尚存於生活經驗中的親密關係樣板，但可以引導大學生反思不同形式親密關係的內涵、可能衍生的互動情境，討論為何對等的關係更理想，並鼓勵每個人都找出較適合自己且可接受的模式。

3. 反思自身經驗與教學內容的關係

身為情感議題和親密關係主題的引導者，在面對同學時，如果能有限度且適時帶入自己或身邊所見（來自不同世代的成年人）的親身經歷，應能激發大學生更多想法。但更重要的是不避諱和同學分享，教學者自己也還在努力學習親密關係中更好的相處和溝通方式。畢竟親密關係涉及深度的情感連結，即使熟知正向營造關係的準則，但每個人身處其中時，也會有力有未逮或不盡完善之處。希望本堂課能讓同學理解親密關係是每個人在不同生命階段都會面臨的課題，有助於他們正向看待可能的挑戰。

▪注釋

① 親密關係的型態包括關係的各種可能性，例如：一對一交往、婚姻、遠距離關係、開放式關係等。

② 自我意識出於個人成長及社會化過程中與外界的互動，逐漸發展出自我反身性（reflexivity）並理解外界對自己的想法及期待，透過一種交互的過程形成自我主觀對自己的認知。Burke, P.J., (2004). Identities and social structure: The 2003 Cooley-Mead Award address. Social Psychology Quarterly, 67: 5-15,. Mead, G. H., & Morris, G.W, (1934). Mind, self & society: From the standpoint of a social behaviorist (3rd ed.). The University of Chicago Press.

③ Beck, U., & Beck-Gernsheim, E. (2001). Individualization: Institutionalized individualism and its social and political consequences. SAGE. Giddens, A. (1992). The transformation of intimacy: sexuality, love, and eroticism in modern societies. Stanford University Press.

④ Illouz, E. (2012). Why love hurts: A sociological explanation. Polity.

⑤ 例如 16 到 18 世紀間的英國法律規定，已婚婦女無法獨立其先生擁有房產或取得租賃收入。參見 Dashwood, R.J. & Lipsedge K. (2021). Women and property in the long eighteenth century. Journal for Eighteenth-Century Studies, 44: 335-341. 以臺灣來說，民國 85 年前，離婚後子女監護權歸屬基本上採定父權優先，不考慮主要照護者延續或子女最佳利益。參見劉宏恩（2011）。〈「子女最佳利益原則」在台灣法院離婚後子女監護案件中之實踐：法律與社會研究（Law and Society Research）之觀點〉，《軍法專刊》，57(1): 84-106。

⑥ 東西方傳統社會中有冠夫姓及家產傳男不傳女（外姓）等慣習，在女性無法繼承財產的情況下，多只能透過婚配穩固自身經濟。

⑦ Lee, A. (1995). Sense and Sensibility [Motion picture]. Columbia Pictures.

⑧ Wright, J. (2005). Pride and Prejudice [Motion picture]. Working Title Films.

⑨ Giddens, A. (1992). The transformation of intimacy: Sexuality, love, and eroticism in modern societies. Stanford University Press.

⑩ 同註 4。

⑪ LGBT 是女同性戀者（Lesbian）、男同性戀者（Gay）、雙性戀（Bisexual）與跨性別者（Transgender）的英文首字母縮寫。

⑫ Johnson, F. (2018, January). The future of queer: How gay marriage damaged gay culture. Harper's magazine.

⑬ Snapes, L. (2021, October). Taylor Swift rebukes Netflix over 'deeply sexist' joke about her love life. The Guardian. Retrieved from https://www.theguardian.com/music/2021/mar/02/taylor-swift-rebukes-netflix-over-allegedly-deeply-sexist-joke-about-her-love-life-ginny-and-georgia

⑭ 權威式可理解為不顧對方想法或喜好，單向要求或命令；平行無交集通常指溝通過程中，雙方皆未確切回應對方，只是自顧自的表達而無對談；開放溝通式建立在雙方都開誠布公提出欲溝通的問題後，逐一檢視、討論，給予對方足夠的表述空間並加以回應；當事人雙方不願溝通，轉由第三人傳遞彼此想法則屬於中間人傳話式；迂迴不明的溝通常見於兩人有意願對話，但溝通目標不明，也不願表露自己真實意見的情境。

愛情必修學分
Z 世代的情感和性別關鍵字

第二課

性別角色
談一段沒有範本的戀愛

課程重點

1. 認識戀愛關係中性別角色的社會建構
2. 認識戀愛關係中有形和無形的交換行為
3. 了解戀愛關係中交換的原則和限度
4. 學習如何拒絕交往對象提出不合理的交換要求和過度交換

授課老師————袁詠蓁

英國布里斯托大學社會學博士，研究領域為家庭社會學、代間關係、親密關係，以及國族與族群認同。現為中央研究院人文社會科學研究中心博士後研究員。

俊雄的女友正在準備研究所考試，每天都去圖書館讀到閉館。俊雄時常傳訊息關心，但是女友總是冷淡回應。他渴望女友多花一點時間陪伴自己，但也害怕自己耽誤女友的未來……

　　當代學者認為性別是由社會所建構的，是在特定文化和社會情境下產生的特質和行為，成為影響個體在社會中行為舉止的規範[①]。而在感情關係中，人們的互動行為也往往依循著社會對於特定性別的標準和期待。自 19 世紀以來，男性開始以金錢作為權力基礎[②]，在異性戀的婚姻，人們也經常用金錢來衡量夫妻兩人在關係中的地位，像是認為男性負責賺錢養家，

所以在家中便具有權威與更多的特權，因此能獲得更多的休閒時間、更大的決策權。

然而，80 年代的學者主張婚姻是性別角色（gender role）劃分下互利的理性選擇 ③。過去是因為女性在勞動市場的弱勢處境，才造成女性的經濟弱勢，使之需要依賴婚姻來獲得穩定的生活，加上傳統社會規範將家庭勞動和照顧的責任分配給女性，使得女性的發展往往被限制在家庭之內。而今隨著女性進入職場、價值觀轉變，婚姻和愛情關係中的性別角色也開始產生變化。

男主外、女主內？

雖然以往兩性分工是某種互惠下的結果，可是女性被分配到的卻是無酬的家務勞動和子女照顧，使女性因為沒有經濟能力，成為家庭中的從屬角色。然而，當女性大量投入就業市場，雙薪家庭成為現代社會的常態時，男性的氣概和價值卻仍舊與養家和工作成就緊密連結，期待女性成為家庭照顧者的母職形象也依然持續，即便是職業婦女，下班後仍需要負擔大部分無酬的家務勞動和照顧責任。

這種「男主外、女主內」的傳統性別分工，使得婚姻關係中的男性和女性被理所當然地被賦予特定的責任和義務，而性別角色分工的社會規範，也經常延伸至婚姻前期的異性戀交往關係中，例如，男性往往成為接送者、解決問題者、要保護女方、負擔約會活動的主要開支；女性則是成為照顧者、協助男性處理生活瑣事、陪伴男性出席活動等附屬角色。即便過去的性別角色已不符合現代的兩性就業發展，但想要扭轉社會期待的刻板印象，去實踐非傳統的性別角色並不容易，極有可能因此受到來自社會價值的挑戰，像是被指責「不像男人」或是「沒有女人該有的樣子」。情侶之間的相處也是如此，似乎只要兩人的性別實踐符合社會期待的戀愛腳本，才會有利於親密關係的發展 [4]。

根據一項美國兩性約會費用分攤的調查，有 84% 的男性和 58% 的女性表示，即使在約會一段時間後，男性依然會支付大部分的約會費用，雖然當中有超過一半的女性（57%）表示自己也願意負擔約會費用，但將近四成（39%）的女性坦承希望男性能夠拒絕女性說要負擔的提議。值得重視的是，64% 的男性認為女性也應該負擔約會費用，但有 76% 的男性表示，他們會因為讓女性共同分擔約會花費而感到內疚 [5]。這種矛盾的心態，源自於社會長久以來的性別角色規範，由於男性被期

待成為主要的經濟負擔者，因而有些男性將「約會付錢」視為自己的義務，甚至會為了沒有辦法達到社會的性別期望而感到內疚，或是覺得有損其男性氣概。然而，有關於同性伴侶的研究顯示，由於同性伴侶沒有社會規範好的性別角色腳本可以參考，因此相較於異性戀伴侶，可以有更平等的家務勞動分工，以及更平等的財務分配[6]。

情感中的交換與公平

　　情感中存在著許多面向，在交往初期因為激情、浪漫、吸引等感受性因素而進入關係，卻容易忽略戀愛相處時的重要互動交換行為。當然，我們可以很輕鬆地只考慮情感層面，但在兩人相處過程中，不可否認地會在意自己在關係中的付出是否公平，甚而可能為了不平等的付出而產生爭執。對此，喬治‧霍曼斯（George C. Homans）提出「社會交換理論」，從交換行為探討人與人相處的互動關係。他提到，交換是一種人與人互動過程中的理性行為，而「公平分配」和「互惠」是交換中的主要原則，即一個人對他人有所付出時，會期待獲得相等利益的報酬，若是該行為無法獲得相應的報酬或是要付出代價時，就會停止付出；若交換關係有足夠的報酬、有足夠的吸引力，交換關係才會持續[7]。

　　那麼，我們在感情關係中究竟交換了什麼呢？美國社會學家彼得‧布勞（Peter M. Blau）將其分成：內在性報酬（internal reward），即抽象的情感、愛、尊重、關懷，以及外在性報酬（external reward），也就是具體的金錢、時間和服務。若從戀愛關係來思考付出和報酬之間的運作模式，可能的互動像是在特定日子請對方吃飯、送禮物，花時間陪伴彼此、相互關

心、分享心情和生活點滴，滿足彼此的性需求等。當對方感受到自己的付出和情感，也會回請、回送，並且付出關心、情感，由於彼此都從關係中獲得足夠正面的回應和報酬，感情便得以延續。但實際上，我們未必總能感到自己的付出有獲得公平的回報，因而可能造成衝突，加上人們常常只注意物質與勞動的實質交換，而容易忽略了情緒勞動（emotional labor）等抽象的付出。

研究家庭與關係的社會學者林恩·傑米森（Lynn Jamieson）特別強調信任、關愛、照顧和分享等這些在親密關係中有別於物質的面向。傑米森提到，在當代異性戀親密關係中，男性常被指責在情緒上不支持伴侶，但女性卻很少受到男性這樣的指責。不過，男性面對這樣的指責時，也常否認有這樣的問題，或是覺得這些問題不是那麼重要[8]。

感情中有絕對的公平嗎？

有些人認為，在感情裡有些人願意付出的多，有的人願意付出的少，根本無法比較公平不公平，話雖如此，但或許能以公平理論的觀點，來解釋戀愛關係中「不公平的交換」所產生的影響：當關係中的雙方感到獲得公平對待時，感情的發展才會趨於穩定和深入，並能獲得較高的幸福感和滿意度；相反的，若關係中的雙方感到不公平，則會尋求改善關係，並且促進公平的辦法[9]，像是透過改變付出、報酬、改變對於公平的認知與比較基準、離開關係或是懲罰伴侶，來獲得更多的公平感[10]。在現實生活中，我們也經常看到一些情侶，因為感覺到對方給予的物質減少了、陪伴時間減少了，或是不再主動關心，會開始覺得只有自己在為了這段關係付出和努力，遂減少自己的付出、降低對伴侶的期待，或是要求對方改善或發生爭吵，希望提升對方的付出，但若經過長時間要求，對方都沒有改善，最後往往會走上分手一途。

除了「交換上的公平」，我們也需要重視「權力地位的平等」。社會學者安東尼·紀登斯（Anthony Giddens）提出「匯流愛」（confluent love）一詞，來說明感情中的公平關係，是一種基於雙方主體意願和慾望，強調平等協商的關係維繫[11]。

公平關係的前提是雙方對彼此坦白自身的需要，並且願意相互付出，然而，針對臺灣異性戀的研究中提到，男女認知交往關係中的平等，只是交換上的對等，侷限在物質和物質的交換、物質和外在條件的交換，以及物質和情緒勞動的交換等，而相對忽略在性別權力或感情中權力分配的平等[12]。

因此，當我們探討交換是否公平時，可以試圖釐清自己的需求是什麼，而這段關係又是否互惠且平等。從這個角度來看，感情中的交換必須出於雙方的意願，只是交換的內容與是否公平沒有絕對的標準。不過，要特別注意的是，我們不該拿他人的標準來衡量自己伴侶的回應是否公平。舉例來說，每對情侶發生爭吵時需要被對待的方式都不同，也許別人的伴侶需要優先獲得情緒上的同理，自己的伴侶則需要先冷靜，而適用於這段關係的方式，未必適用於每個人、每段關係。因此，找到適合彼此的相處模式，需要經由雙方持續的溝通和經驗累積。

誰的性別自助餐？

接下來討論異性戀關係的公平問題。隨著女性開始進入職場，過去性別角色分工、互惠狀態被改變，連帶造成權力分配產生變動。以往男性透過負擔家計、送禮、接送來表現親密的傳統方式也受到挑戰，使得某些男人因為女性就業、取得資源和地位，而感受自身的男性氣概受到威脅[13]。

在現代社會中，當性別角色出現變化，人們並非都能夠如此坦然地支持並實踐真正的性別平等。社會學家威廉·古德（William J. Goode）在〈為什麼男人抵制〉文章中提到，人們會接受對自己有利的改變，但抵制那些會減少他們特權的改變，像是男性會願意接受伴侶投入職場以增加家庭收入，卻拒絕參與更多的家庭照顧和勞動[14]。相對地，某些女性也樂意接受某些對自己有利的「善意的性別歧視」，讓男性請客、送禮或是提供日常接送。有些學者認為這種「父權騎士精神」的性別意識，是一種「仁慈的性別歧視」[15]，男性出於珍惜和保護女性而做出照顧女性的行為，例如：接送女朋友、幫女朋友開車門、讓女生走在馬路內側或是支付約會費用。這樣的心態背後是將女性視為被動的弱者，而男性為強者，需要主動「保護女性」，但這種觀點同時也強化了對男性責任的期望。

可是，若為了避免「善意的性別歧視」，刻意拒絕任何男性提供的協助，又似乎是一種過度「性別政治正確」。女性為了不讓別人覺得占男性的便宜，或是覺得自己支持性別平等，因此不該接受男性的幫助、什麼事情都自己處理；男性也覺得做什麼都動輒得咎，幫忙女生拿重物、幫女生開門，好像也變成一種弱化女性的性別歧視，這反而使兩性之間的互動變得戰戰兢兢。其實，這樣矯枉過正的互動方式，也不是真正的平等。平等是兩性雙方都可以對另一方提出幫助，幫忙開門、拿重物，這只是一個對身邊人的友善行為，而不是出於在權力上、心態上弱化特定性別而做出的行動。

社會中的確會有某些女性因為善於利用傳統父權價值而得到利益，但得到利益的前提，是將自己弱化以符合被照顧者的形象，藉由符合傳統社會規範對女性的想像，來取得資源和權力。這樣資源和權力的取得，不是一個對等的關係，且男性較無法使用同樣的方式取得資源，在資源相對被剝奪的情況下，男性也會覺得權益受到侵害而感到不舒服。另外需要注意的是，在符合父權規範的前提之下，忽略了男性被迫要取得足夠的資源和物質條件來作交換，也就是若男性無法符合社會期待的樣子，會被社會規範懲罰或責備，甚至可能因此難有穩定的親密關係——像是「男性必須負起主要經濟責任」的父權期

待，若達不到就會被指責是「魯蛇（Loser）、不夠努力，難怪交不到女友」。這也讓有些男性誤以為只要有足夠的物質條件，就一定可以交到女友；若被女性拒絕，便可能產生擇偶焦慮，甚至對女性產生負面的想法。

這些傳統社會規範的性別差異，的確也使得當代男性的處境變得困難，最核心的問題來自於臺灣社會仍偏向遵循「男高女低」的擇偶配對。這樣的社會規範，往往會造成男性在成家上的壓力，認為要具有足夠的物質條件才能找到對象，或是才有資格進入婚姻，不論他交往的對象是否有所要求。這些對男性的壓力，是社會結構所造成，而非來自女性；而當女性對目前的社會規範和結構產生質疑，希望能有更平等的伴侶關係時，也希望男性可以理解這樣的質疑並不是將性別不平等的責任都放在男性身上——因為男性和女性在傳統社會規範的結構下，都有受害的部分。若是能翻轉在伴侶關係中的性別刻板角色，也可減輕男性在擇偶和成家上的經濟壓力。

而在網路世界，這些性別議題的討論變得更加極端，仇男和厭女的文化，並不能解決兩性在親密關係中面對的壓力。像是在網路社群平台（如：Dcard、PTT）常會看到用「女權自助餐」來批評一些女性只想享受權益，卻不願意分擔更多義務，這是指有些女性一方面要求減少幼老照顧和家務勞動的付

出，要求男性分攤家務工作、負擔情緒勞動，另方面卻仍享受父權規範帶來的好處，希望男性能負擔較多的約會花費、家用支出、買房、買車和送禮物等，因此讓男性覺得自己的權益減少了，可是經濟付出並沒有相對減少。這樣的感受，某程度來說是單方面放大了「絕對公平」的經濟付出和權益分配，卻忽略了結構上造成的性別差異。

由於長期性別化分工的影響，使男性得到較多的婚姻溢酬（marriage premium），這意味著已婚者比未婚者有較高的薪資。研究也發現，男性在結婚後的工作晉升機會開始增多，女性則經常因為婚姻、育兒而中斷工作甚至退出職場[16]，以至於男性普遍的工作條件和薪資，還是在一定程度上優於女性。

社會環境與公司企業也會期望男性在工作上「應該」更努力付出，造成男性將工作和賺錢當作「應該」承擔的責任，但不會視家庭照顧和勞務為自己的責任。若老婆做不完家務，先生可以「幫忙」——只是在「幫忙」，這當中隱含了家務工作本來就該由女性來負擔的心態，而不是夫妻雙方共同承擔女性的性別角色意識。儘管在近 30 年間，這種刻板印象出現顯著轉變，然而回到私領域，傳統的社會規範和性別角色意識仍舊具有顯著的影響，性別角色意識在公私領域發展的不一致，造成兩性進入親密關係後的衝突。比如說，一個有心願意承擔更

多家庭照顧責任的男性，在要請育嬰照顧假或決定當全職家庭照顧者時，可能也會遇到職場和社會上的質疑，認為男性應該要將重心放在事業，而不是家庭上；在臺灣社會中以從夫居和父系家庭為主的文化規範，亦使得女性進入親密關係或是婚姻關係後，會比男性承擔更多姻親關係的情緒勞動。

　　在傳統的戀愛和家庭關係中，經常以物質條件亦即「金錢」來衡量交換的價值，但透過以上討論，我們應該瞭解及學習將家庭照顧、情緒勞動看成與物質的付出同等重要，而不是單用金錢來衡量兩個人的付出。此外，也要意識到一個平等的關係，不是誰在物質上的付出較多、有較好的經濟能力，就能擁有更多話語權。

否則，若換成女主外、男主內，仍舊是讓有錢的人獲得權力，如此一來，只是賺錢的角色對調而已，並無助於平等關係的發展。

什麼才是平等的情感關係？

　　真正平等的情感關係，不是秤斤論兩地計算雙方在金錢和勞務的付出，也不是將關係中的情緒勞動、約會安排或是金錢負擔等付出行為，理所當然地指派給某個特定的性別；而是在心態上的平等，尊重對方想要被對待的方式，交往時應該要重視的是自己和交往對象想要的互動模式，舉例來說，女性或男性都可以承認自己有時候期待被照顧或是被崇拜，或是有時候也喜歡被對方請客、收到禮物，但不是因為身為女性，被請客就是合理的，或是身為男性，就理所當然要求女友耐心陪伴和順從，或是為了絕對公平，每次約會都得 AA 制。在情感關係中，沒有既定的角色範本：女性可以成為經濟承擔者、主動者，男性也可以成為照顧者、傾聽者，每個人在關係中本來就同時具有不同的角色和特質。

　　所謂性別態度上的平等，是出於尊重對方在感情中想要被對待的方式，透過和對方協商並達成共識，而非交換行為的「等價交換」。若你想要的是金錢負擔的公平，可能對方也會要求情感勞動的公平，若這個代價不是我們所期待的，那應該要思考自己可以接受的底線。每個人的時間、金錢、能力有限，若是勉強或是委屈接受，或是強迫對方接受，都有可能因

為累積了被不公平對待的感受而發生爭執，甚至造成關係結束。在感情中真正需要練習的，是必須調整彼此的相處方式，誠懇地向對方提出自己期待，並且有調整和協商的彈性，而不是以愛之名，強迫對方遵從或是接受。同時也不要讓自己一味委屈付出，要勇敢拒絕不想承受的事情，不要因為害怕關係衝突而妥協。

當然，我們在戀愛關係和婚姻關係中要承擔的責任、義務有所不同，婚姻關係更為複雜。婚姻不必然是戀愛關係的終點，婚姻也並非是人生必經之路，但可以透過尚在戀愛關係時，試著了解自己對於未來婚姻關係的期待。若另一半希望未來成為全職家庭照顧者，那就要先思考自己是否能夠接受對方在經濟上的供應有限，並且認知到家務勞動與有收入的工作一樣具有價值，也是相當耗費心力。若兩個人都想將重心放在工作上，那麼雙方要思考的就是如何合理分攤家務工作，畢竟每個人的時間都有限，而家務工作就是需要花時間和精力完成。

我們也不能忽視個人因社會結構的影響，在資源和社會位置等限制之下，可能會做出一個不那麼有利於自己的決定。人們會希望成為社會認可的好男友、好先生或好女友、好媽媽，但達成這些期待可能會犧牲自己權益。例如，女性可能會為了讓小孩能夠獲得充分的照顧，或是為了節省育嬰費用，主動選

擇離開職場，全職照顧家庭。但在這個選擇背後，可能是因為社會對女性的母職期待，認為孩子的成長過程需要有母親的陪伴，或是相較於先生，女性賺的錢比較少，使她似乎「理所當然」要成為照顧者。未來與伴侶在面對關係中的角色分配時，需要仔細體察對方是否因為外在條件因素，才做出違反自己意願的決定，因為若是沒有充分溝通，長期以往恐怕會不利雙方關係。

不可否認，臺灣社會仍深受父系家庭規範影響，想要進入平等的戀愛及婚姻關係，可能會面臨很多挑戰或阻力，像是在交往時雙方對權利與義務的分工就大不相同，或是難以遇到願意接納真正平等的對象；但或許也有人渴望進入傳統的性別角色關係中。我們期待翻轉感情關係中的性別角色，需要伴侶一同努力、做出改變，彼此都可以成為對方的助力，幫助對方承擔來自周遭親友和社會的質疑聲音，將能讓這段關係更順遂地達到平等。

關於愛情，同學想知道

Q1 是否要一直主動付出，對方才會答應交往？用比較積極主動的方法來表達愛意和追求，有錯嗎？

在遇見自己心儀的對象時，會感受到被吸引、渴望親近對方，進而想主動追求，這些都是合理的感覺與想法。然而，在親密關係建立之前，有些人可能會投入很多時間、金錢和精力，希望在對方面前呈現最好的一面，期待能更快進入交往關係，但過度急躁的追求表現，像是在對方家樓下等待、照三餐打電話問候等，這些沒有適度地保持時間、空間距離的追求方式，很有可能讓對方感到壓力，反倒引起反感。另一方面，單方面的過度付出，有時也會使自己產生過多期待，而失去對這段關係正常的判斷，認為「我已經付出／犧牲很多了，一定要得到回報！」覺得對方一定要或應該會跟自己交往。這時若被對方拒絕，就容易覺得不甘心，甚至出現不理性的偏差行為，無益於雙方建立良好的親密關係。即便兩人決定進入關係，仍有可能在相處後發現對方與自己追求時的想像不同，而對自己投入過多感到後悔，或是無法維持如交往前的高強度付出，兩人都可能對付出／被付出的期待產生落差，導致產生爭執或衝突。

此外，在媒體報導中，常見不顧他人意願長期追求、跟蹤、騷擾被追求者、強迫對方與之交往等不當追求案例，這種認為「我只要堅持付出到最後，對方就會被我感動」的想法和追求方

式，可能成為在道德、法律上無法被接受的行為，不僅忽略了另一方的感受和主體性，也相當不尊重他人意願。在某些異性戀的新聞案例中[17]，作為追求方的男性可能是在成長與教養過程中，不理解女性面對的社會期待與限制，因而對女性的處境沒有足夠的同理能力；由於父權社會結構所賦予的性別紅利，也使得有些男性藉著不對等權力結構，對女性進行錯誤追求與不當情感表達的現象顯著較多。當然，在某些性傾向的案例裡，這類結構性不對等情形較不顯著（或在表現方式上有所不同），但拒絕理解他人的困境、濫用權勢（如：年齡或職位）、不尊重個人意願等現象亦非罕見。在此提醒，《跟蹤騷擾防制法》已於民國111年6月1日施行，明定監視觀察、尾隨接近、歧視貶抑、通訊騷擾、不當追求、寄送物品、妨害名譽、冒用個資等八類跟蹤騷擾行為。若同學受到「反覆、持續、與性或性別相關」的違反個人意願之跟蹤騷擾行為，可以報警尋求協助。

我們都必須明白，在交往前的互動中，適度付出、合理回應是正常且雙向的，只是千萬不要為了追求對象，就做出超越自身能力範圍的積極行為和付出，因為這樣的付出不可能長久維持，也會讓人對於關係失去公正的判斷。若不想接受他人的追求與感情，也應該及早清楚表達自己立場，誠懇地拒絕對方的心意，不宜草率地接受他人的付出，讓對方有所期待，卻沒有打算和對方發展更進一步的關係。而被拒絕者也需要尊重及理解對方意願、接受結果，避免曲解他人的想法，勿自行想像對方只是害羞、不敢承認等。愛慕他人、追求自己欣賞的對象並沒有錯，但是同理、尊重、避免權力濫用，仍是基本的行動底線。

Q2 我們明明已經交往了，但為什麼我付出這麼多，卻沒有得到對等回應？

在感情關係中很難達成全然的公平，或許應該說，感情中的公平很難用客觀的標準來衡量。我們總是習慣用自己喜歡的方式來對待伴侶，而忘了考量是否是對方需要的，比如覺得自己付出很多金錢、禮物，對方一定會喜歡，但也許對方想要的是體諒和陪伴。適合別人的相處方式不一定適合你和你的伴侶，我們應該思考如何跟交往對象溝通，理解自己和對方期望的相處方式，並且尊重他人的期望可能和你的不同，以及別人的付出不一定會符合你的期望。另外也要反思，當自己覺得對方一直沒有為這段感情付出或為彼此著想時，請好好回想並誠懇地問對方是不是也做了很多努力，只是剛好不是你期待的方式，所以你沒有感覺到。

在交往前和交往過程中，都別忘了提醒自己，不要超過自身能力的「適度付出」，才能讓關係較為平等且長久。當你處在一個付出不成比例的關係中，或是這個付出已經讓你感到不舒服，溝通後對方也不願意調整，或是認知到彼此的期望就是不同時，可以考慮是否要離開這段關係，而不要讓自己長期處在一個不對等的關係中。

另外，若交往時有同居的情形，更需要伴侶之間的良好溝通，包括討論房租、水電費、生活物品等各項開支的分擔，以及家務、環境清潔等分工。若是遠距離的戀愛關係，也需要溝通見面時如何分攤交通費與住宿費用，以及去對方城市見面的頻率，

避免造成財物和勞務分配不均。在交往期間，如果有金錢借貸，也應該留下相關訊息文字證明，以佐證借款事實，避免未來產生財務糾紛。

Q3 交往對象要求我給他看手機內容或是分享手機定位，不然就覺得我有做對不起對方的事，這是合理的嗎？

　　個體自主權和隱私權都是重要的人身基本權利，並不會因為進入一段親密關係就一定要讓渡這個權利給對方。當對方提出這樣的要求，請先溝通是什麼原因使其產生不安全感，並討論化解不安的方式。若對方仍舊執意要求，請思考這是否是以愛之名合理化控制和監控伴侶的行為[18]。在親密關係中，情緒勒索也經常是用來創造「非自願性交換」、「強迫交換」的一種手段，當你覺得對方的要求和行為讓你感到不公平，或是覺得失去自主權，請主動提出劃定自身權利的界線，並且拒絕對方的要求。若是對方的要求讓你感到壓力時，不要懼於向老師、學校或是心理諮商相關專業人士尋求協助。

　　當然，某些情侶也許不介意對方看彼此的手機，或是知道彼此的手機定位，但那也只是表示關係中的雙方協商後，彼此都同意這樣的權利讓渡，重點是「彼此願意接受的程度」，如果你不認同這樣行為，對方也沒有權力強迫你；又或者雙方本來同意讓對方看手機，但過一段時間不願意了，也可以終止這樣的約定。在一段關係中，若是藉由時時關注對方位置、與其他人的互動，

才能讓自己或是對方得到安全感，或許需要重新檢視這段關係，並且妥善溝通。最重要的是，尊重對方的意願。

Q4 情侶吵架的時候，為何總是要我退讓？

在生活中經常看到強化性別角色的異性戀戀愛腳本，像是「男人還是應該承擔起所有的責任」、「女朋友是拿來哄的，如果她生氣就一定是你的錯」、「跟女友吵架先道歉就對了」等言論，這些說法其實並無助於平等的戀愛關係。可能對於部分男性來說，先道歉是解決情侶爭執最快、最簡單的辦法，但對於某些女性來說，不打算釐清事情是非，只想快速了事的心態，反而會讓她們更生氣，這種道歉會讓某些女性認為，伴侶其實不覺得她的生氣是有道理的，或者根本覺得她就是沒道理的，只是以「我就讓你好了」來草率結束爭執。這種出於覺得對方能力不足的「讓」，也許才是女性認為自己不被尊重的原因。

當然，這樣的情況未必只會發生在男性身上，也有的關係是角色對調，但總是有某一方需要先低頭、讓步。這件事情無關乎特定性別想要如何被對待，而是「個人」想要如何被對待。也許有人會說「可是我女友就是想要我哄」，那麼我們要思考的是，如何跟伴侶討論出吵架後的相處方式，有人想被哄，其他人想要好好討論、有人想要先冷靜，有些男生生氣時也想被哄啊！在發生爭執的時候，假使其中一人會處在一種「永遠都是我的錯」，或是永遠都是對方比較有道理，只有一方需要道歉、妥協、認錯，甚至是「不管怎麼說，都是我錯」的負能量狀態，將使得長

期處於弱勢的一方漸漸失去溝通的意願，進而造成關係不對等。若在感情相處中，一直只看到對或錯，忽視彼此有被尊重和關心的需求，也會讓雙方感到不適。

Q5 我可以跟老師談戀愛嗎？

若師生雙方都是成年人，因都具有行為自主權，也應享有戀愛自由，但師生戀仍需考量是否違反專業倫理。若師生之間沒有授課關係，應該予以尊重；若有授課關係，就必須考量師生之間的「權力不對等」，例如：老師指導、評量學生，學生掌控評鑑。老師可能因為交往關係，而對每位學生的評分標準不一致；學生若想分手，也可能擔心分手後，老師會因為報復心理而給予較低分的成績，致使不敢分手。此外，也可能由於權力不對等，產生教學專業倫理的不公平。

依現行《校園性侵害或性騷擾防治準則》第 7 條規定：「教師於執行教學、指導、訓練、評鑑、管理、輔導或提供學生工作機會時，在與性或性別有關之人際互動上，不得發展有違專業倫理之關係（第 1 項）。教師發現師生關係有違反前項專業倫理之虞，應主動迴避或陳報學校處理（第 2 項）。」這兩項規定師生之間不得發展有違專業倫理之關係。過去曾有教授被投訴與男學生發展師生戀，除了提供男學生多項研究資源外，並擔任該學生的口試委員，使其他學生受到不公平待遇，後來由學校性平會介入調查，並且依教評會決議給予懲處。另外，也曾出現過教授不當肢體接觸學生，並且多次傳訊息騷擾，追求女學生，經學生向

校方投訴後，該教授被認定性騷擾並遭到解聘。

　　若師生之間並非感情關係，而是發生疑似校園性騷擾或性侵害等事件，只要涉及事件的其中一方為學校的校長、教師、職員、工友或學生，事件被害人或其法定代理人、檢舉人，可透過書面或是言詞向事件發生時所屬學校的性別平等教育委員會（性平會）提出申請調查或是檢舉，由性平會成立調查小組進行調查，並遵循校園性侵害、性騷擾或性霸凌防治準則等相關法則來規範與懲處。

　　學校也須在 24 小時內向當地直轄市、縣（市）主管機關通報，若有疑似涉及性侵害事件，主管機關將派社工人員依法聯繫及協助疑似被害人驗傷及製作筆錄，以利後續檢警機關進行相關刑事調查，並提供司法流程的協助。此外，由於學校性平會的調查程序，不受司法判決與調查程序影響，因此，若學校性平會認定有校園性侵害或性騷擾情節發生，即便被告刑事判決獲不起訴處分或法院做出無罪判決，有時也不會影響性平會的調查認定與懲處決議。

> **"**
>
> 沒有可以完全依循的戀愛交往準則，別
> 的情侶認為公平的相處模式，不一定適
> 用在每對情侶身上。
>
> **"**

課堂活動範例

暖身活動

利用以下問題幫助同學認識自己在感情中的性別角色態度，以及自己對伴侶的期待。首先，請同學們先回想或是思考一下自己在感情關係中的期待，回答對以下敘述的同意程度，最同意 5 分、最不同意 1 分[19]。

最同意	同意	普通	不同意	最不同意	
☐	☐	☐	☐	☐	約會時的花費各付各的（AA 制）最公平？
☐	☐	☐	☐	☐	約會時的花費應該由經濟能力較佳的一方負擔？
☐	☐	☐	☐	☐	約會應該由男性主動邀約？
☐	☐	☐	☐	☐	情侶吵架的時候，先道歉就沒事了？
☐	☐	☐	☐	☐	交往對象的學業／事業成就要比自己高？

接下來將同學們分成 5 至 6 人的小組，請他們各自分享對以上各題的想法，藉以勾勒出期待中情侶關係男性和女性的角色。亦建議搭配以下小組活動，進而思考自己對於交往對象的角色期待，試想自己對交往對象的期待放在同性情侶身上是否適用？

小組活動

活動 1	誰的「完美情人」？
活動長度：討論 15 分鐘	
分組人數：3 至 4 人／組	

本活動在於讓同學反思生活中的性別角色。請同學們課前預先蒐集關於好男友和好女友應該有的「行為」的兩性文章、影視作品或廣告，討論在這些作品中希望男性和女性扮演的角色是什麼？這些標準有什麼合理和不合理的地方。

活動 2	理想男性的預設值？高富帥的社會期待壓力
活動長度：影片觀看 10 分鐘、討論 15 分鐘、小組分享 5 分鐘	
分組人數：3 至 4 人／組	

本活動在於讓同學討論男性作為主要經濟提供者背後隱藏的社會壓力，並反思這個現象對於男性和女性帶來的不利影響。請同學們一同觀看《台男悲歌：不是高富帥，錯了嗎？》（影片段落11:07-23:32）[20]，看完後請男／女同學分別分享是否會介意交往對象的薪水和成就比自己高？並請大家談談選擇交往對象時，是否會在意對方的條件。討論臺灣社會中婚姻梯度（男高女低、不上娶／不下嫁）的社會規範合理嗎？

活動 3	人生的選擇題，職場與愛情二選一？

活動長度：背景說明 5 分鐘，分組討論 15 分鐘、小組分享 5
　　　　　分鐘
分組人數：3 至 4 人／組

本活動在於讓同學反思女性的工作與情感（家庭）協商，可以先
在課堂中介紹戲劇《荼蘼》中女主角面對的人生選擇，讓同學們
分別從男方角度和女方角度出發，分組討論劇中的兩個方案，應
該要如何選擇？選擇的理由？以及是否有其他更好的選項。

女主角和男友相戀多年，感情穩定。某天，女主角得到了升遷外派的
工作機會，而男友也配合著女主角，在海外找到了工作，小倆口本來
決定要一起出國為未來奮鬥。然而，就在兩人準備出國時，男主角的
父親因為一場車禍住院，為照顧行動不便的父親，男主角決定放棄出
國計劃，女主角則面臨到人生中最困難的選擇。

· 方案 A：為了更好的薪資和工作發展，獨自出國工作，讓男友自行
　照顧家人。

· 方案 B：留下來和男友一同面對難關，幫忙照顧男友的家人，放棄
　出國的工作機會。

常有人說「談錢傷感情」，但好好與伴侶談錢也許能讓關係更穩定。交往過程中，除了前面提到的約會費用分攤，也很常因為彼此的「金錢觀念」和「消費習慣」不同而產生衝突。像是有些人喜歡將錢花在食物上，認為每天吃飯都要吃高級的，但伴侶可能認為不用花這麼多錢在吃上面。又或者本來兩個人約好存錢出國玩，結果對方卻花了很多錢買化妝品或是遊戲主機。

請同學們觀察自己平常的消費習慣，生活開銷是多少？每月能接受的娛樂消費是多少？最近是否有重大花費要支出？然後排列出日常消費的優先順序。同學可以跟自己的男 / 女朋友討論彼此的消費優先順序是否有差異，再一起討論需要調整的地方。另外，請思考自己是否有不可妥協的「底線」：可能會是抽象的信任、尊重，也可能是實際的需要獨處時間、不要冷戰等。如果有，請讓對方知道自己的底線，以避免誤觸。此外，雙方要試著透過溝通達到共識，若是難以完全達到共識，也試著保有一些彈性，找到雙方各退一步且彼此都能接受的做法。

⦂給老師的教學叮嚀

1. 減少性別對立

兩人在戀愛相處的過程中，可能因為每個人的性別立場不同而發生爭執，或是覺得在關係中都有受到壓迫、感到不公平，甚而引起雙方的對立。本堂課希望同學們試著學習理解其他性別在當代社會規範下面臨的處境，學習從他者的立場來思考親密關係中可能會面對的困境，並探索可能改進的方法。老師在引導學生時須提醒：當女性試圖在社會上爭取獲得公平對待，並不是要讓男性陷入困境，或是將男性視為假想敵。我們應該思考的是，如何改善社會價值觀和制度，讓彼此成為關係中的夥伴，用合作的態度共同去面對不合理的現況。在課程進行時若要舉例說明，請盡量性別平衡，避免影射特定性別是感情關係中的「得利者」或是「壞人」。

2. 性別角色的翻轉需要持續的努力

現在的大學生應該在高中階段都接受過基礎的性別教育課程，或多或少理解性別分工和性別平等意涵，以及什麼是「平等的性別角色態度」。但是，在社會規範和日常生活中，我們對於性別角色的期待，卻沒能跳脫傳統觀念的巢臼，因此在實際情感關係中，往往仍下意識地回到男女不同的性別腳本，讓那些想要打破傳統父權規範框架的男性和女性，受到很多的挑戰和風險，例如：找不到交往對象，或面臨爭執不斷的情感關係，甚至被朋友和家人質疑自己的伴侶為何不符合傳統社會期待（如工作賺錢）等。請老師務必讓同學們了解，翻轉社會和親密關係中的性別角色和價值觀，需要更多人持續投入。談一段彼此尊重和平等的戀

愛，可能比服膺於傳統性別角色的關係更辛苦，請給願意嘗試尊重彼此的人多一點友善的態度，或是當伴侶受到朋友、家人質疑時，能站出來替他們說話，用合作的態度與伴侶一同面對。

3. 避免社會文化的刻板印象

臺灣長期以來的社會文化規範，常會影響著我們看待自己與伴侶的關係是否平等。有時候同學或是老師可能會不自覺地以傳統的社會規範和刻板印象，作為衡量情感關係的標準。在課堂討論時，老師要注意自己是否也受到既定社會規範的影響，並要提醒學生尊重不同人的生活方式。在戀愛關係中，無論期望的角色與傳統的性別分工相同／不相同，我們都應該理解且尊重每個人的選擇，而不需要去指責誰保守或是性別政治不正確，重要的是關係中的雙方是否都能接受。

4. 提供專業協助的管道

在進行教學前，宜先準備該校相關諮商輔導室、校安中心、性平委員會的聯絡方式，提醒同學若在感情上遇到任何形式的暴力行為，不論是情緒壓迫或是言語攻擊，即便沒有造成任何生理傷害，都可以尋求專業的協助。也請同學們平時關心身邊朋友的狀況，若察覺朋友在戀愛關係中出現困擾，或是有不尋常的表現，要主動詢問是否需要幫助。

注釋

① West, C. & Zimmerman, D. (1987). Doing gender. Gender & Society, 1, 125-151.

② 張正霖譯（2017）。《第二輪班：那些性別革命尚未完成的事》。群學。（原書 Hochschild, A. R. [2003]. The second shift: Working families and the revolution at home. Penguin Books.）

③ Becker, G. S. (1981). A treatise on the family. Harvard University Press.

④ Holmberg, D. & MacKenzie, S. (2002). So far, so good: Scripts for romantic relationship development as predictors of relational well-being. Journal of Social and Personal Relationships, 19(6), 777-796.

⑤ Lever, J., Frederick, D. A. & Hertz, R. (2015). Who pays for dates? Following versus challenging gender norms. SAGE Open, 5(4).

⑥ Gotta, G., Green, R. J., Rothblum, E., Solomon, S., Balsam, K., & Schwartz, P. (2011). Heterosexual, lesbian, and gay male relationships: A comparison of couples in 1975 and 2000. Family Process, 50(3), 353-376.

⑦ Homans, G. C. (1958). Social behavior as exchange. American Journal of Sociology, 63, 597-606.

⑧ 蔡明璋譯（2002）。《親密關係：現代社會的私人關係》。群學。（原書 Jamieson, L. [1998]. Intimacy: Personal relationships in modern societies. Cambridge: Polity Press.）

⑨ Canary, D. J., & Stafford, L. (1993). Preservation of relational characteristics: Maintenance strategies, equity, and locus of control. In P. J. Kalbfleisch (Ed.), Interpersonal communication: Evolving interpersonal relationships (pp. 237- 259). Stafford, L. & Canary, D. J. (2006). Equity and interdependence as predictors of relational maintenance strategies. Journal of Family Communication, 6, 227- 254.

⑩ Canary, D. J. & Stafford, L. (2001). Equity in the preservation of personal relationships. In J. Harvey & A. Welzel (Eds.), Close romantic relationships: Preservation and enhancement (pp. 133-151).

⑪ Giddens, A. (1992). Transformation of intimacy: Love, sexuality and eroticism in modern society. Stanford University Press.

⑫ 蔡宜文（2016）。〈臺灣異性戀男女的青春羅曼史〉，《性別平等教育季刊》，74，113-119。

⑬ Wight, D. (1993). Workers not wasters: Masculine respectability, consumption and employment in central scotland. Edinburgh University Press.

⑭ Goode, W. J. (1980). Why Men Resist. Dissent, 27(2):181-193.

⑮ Glick, P. & Fiske, S. T. (2001). An ambivalent alliance: Hostile and benevolent sexism as complementary justifications for gender inequality. American Psychologist, 56(2), 109-118.

⑯ 張峰彬（2013）。〈婚育溢酬或懲罰？家庭生命週期與公司內權威晉陞之性別差異〉，《臺灣社會學刊》，53，1-53。

⑰ mefenamic（2018 年 6 月 9 日）。〈[FB] 靠北老公：千萬別嫁給媽寶台男！〉【批踢踢實業坊】。取自 https://disp.cc/b/163-aFaQ

⑱ 這種以愛為名的控制行為，其實有很多面向，例如：限制對方的穿著打扮、交友對象、外出和社交活動等，都是藉由控制對方來展現關係中擁有權力的一種方式。

⑲ 建議使用即時線上問卷調查系統（如：Kahoot、Slido、Google 表單等），並於現場公布調查結果。

⑳ 飽妮（2021 年 8 月 20 日）。《台男悲歌：不是高富帥，錯了嗎？｜台灣男性的故事 ft.Joeman》【Youtube 影片】。取自 https://www.youtube.com/watch?v=vBqowLRA2a0

第三課

網路交友
訂製完美情人？科技中介下的愛情

課程重點

1. 認識「網路」和「實體」人際互動的連續性和差異
2. 理解科技中介下交友方式的多樣性、可能性和限制
3. 評估私密影像突破性／別互動框架的潛力和可能的風險
3. 發展交友或戀愛過程中所應具備的媒體識讀能力

授課老師─────陳維平

國立陽明交通大學傳播與科技學系助理教授。法國社會科學高等學院社會學博士，專業領域為情感社會學、媒體文化，以及科技、親密關係與性別。

「這一個月來跟你聊天很開心！」在與網友見過兩次面之後，希希收到對方的訊息告白，他跟朋友昀昀轉述：「我對他的確有好感，但我還是擔心對方不夠真心……」

　　「妳好，我是西奧多。」「你好，我是莎曼珊。」在電影《雲端情人》（Her）中，男主角西奧多某天購買了一套聲控電腦作業系統，面對螢幕，他與莎曼珊分享所有生活中的快樂與煩惱；很快地，西奧多想要無時無刻都能找「她」傾訴心情。然而，數位科技提供的是真實的情感嗎？

愛情必修學分
Z世代的情感和性別關鍵字

在元宇宙成為熱門話題的今日，人與非人智慧之間的獨特情感型態，是否還有可能再度進化、體現更強烈的虛擬特質？在預示社會文化趨勢下一階段可能走向的同時，其他像是《我們的愛情一言難盡》（*Newness*）和《別問我是誰》（*Who You Think I Am*）等電影情節，皆深刻描繪科技中介下的親密關係樣態，顯示出透過手機或其他網路媒介交友，已是許多人的生活日常。

虛擬或真實？數位時代的情和性

事實上，傳播科技介入人們的情感領域，並不是一件新鮮事。我們借助外力或技術來擴展交際範圍的現象已行之有年，從早年透過雜誌交友欄結交筆友，到後來出現交友網站、論壇，到了 1980 年代，可以透過桌上型電腦在電子佈告欄系統（BBS）與好友或網友線上對話，接著因為以使用者產製內容及參與文化為核心的網路生態快速發展，更開始在社群網站或部落格上抒發心情或是個人想法，例如在 2003 年創立的交友網站「愛情公寓」，使用者只要上傳照片、輸入自我介紹，經由線上配對便可以和陌生人傳訊息聊天。時至今日，交友軟體宛如雨後春筍，提供各式配對與加值服務。

因為科技的發達，相較以往，我們與他人即時互動變得更容易了，但矛盾的是，有些人認為孤獨感並未因科技進步而減少，網路也無法完全取代真實接觸。美國麻省理工學院社會心理學家雪莉‧特克（Sherry Turkle）觀察科技與網路文化趨勢，在其著作《在一起孤獨》（*Alone Together*）揭示人與人之間的關係如何受到科技中介①。她指出，機器人雖然能夠帶來陪伴，但卻是一種「愛的徒勞」，網路永不斷線的特性簡化了情感表達，雖能讓人感覺親密，卻也同時感受到孤獨。另一方面，也有人認為數位科技為人際關係帶來新的可能，相較於現實生活，科技中介的交友更能夠跨越時間、地點限制，甚至暫時避免面對面相處的不知所措。

現今大學生常使用 Dcard 等網路論壇作為討論感情煩惱的管道，其匿名性讓許多人能夠更自在地表達想法。雖然和陌生人談論自身私密問題或對公眾事務的看法，能相對避免生活圈中的他人眼光與壓力，幫情緒找到出口，但他人也可能因為不瞭解事件全貌，在給予評論或建議時，反倒忽略考量每個人的不同處境。

還有不少情侶會使用手機定位科技來表達對彼此的信任和關心，雖然看似為親密關係的溝通帶來便利，卻也存在監控和騷擾的隱憂。例如有一款讓情侶、好友能夠互相追蹤的應用程式「冰棒」（Zenly），主打透過定位功能掌握對方的位置，甚至是手機的用電量，便引發不少對於個人隱私和人身自由的討論。同時，手機通訊無所不在的特性，讓同步和非同步的訊息交換成為生活中的一部分，當我們看到訊息呈現「已讀不回」或「不讀不回」時，該如何因應與感受？似乎也成為人際互動時不可避免的新課題。

　　科技形塑了戀愛、交友過程中的性別及人際互動規範，也影響人們對於情感和性的認識和行動。例如：在社群媒體上公開「穩定交往中」代表著什麼？在什麼情況下分享彼此的手機定位才算合理？而在浪漫愛情和私密影像被記錄珍藏的同時，也需要留意潛在的不對等互動，像是數位監控或暴力。身處在科技和媒體無所不在的今日，親密關係和性的意義究竟發生了什麼轉變？

右滑或左滑？當性別規範左右交友過程

根據皮尤研究中心（Pew Research Center）2020 年的調查，有三成的美國人曾經使用過交友軟體或是交友網站[2]，而根據 Match Group 在 2021 年的調查，臺灣曾使用交友軟體的單身人口比例則是 42%[3]，交友軟體儼然成為當代社會拓展人際關係的一種重要方式。然而，主流媒體再現下的交友軟體多半帶有負面色彩，從經常出現的性／別標籤「約砲男」、「加 Line 妹」、「不約妹」、「IG 妹」的相關討論[4]，就可以觀察到臺灣社會對於浪漫愛情的文化想像和對女性的性審查。

科技看似提供了更多性別和性實踐的選項，但不少研究卻針對約炮文化（hook-up culture）提出了不怎麼樂觀的觀察。由於個人主義規範（如：「對自己負責」的文化風氣）和性別不平等同時存在，女性相較於男性，更可能因為對自身的性別角色期待而必須在發生隨意性行為（casual sex）後感到內疚，或必須承擔更高的身心風險[5]。換句話說，隨意性行為可能並不如想像中平等和自由，因為實踐這種生活方式的代價（如：承受親友或輿論批判），很可能存在性別上的差異。

社會學家伊娃・易洛斯（Eva Illouz）在《為什麼不愛了》（*The End of Love*）一書就指出，性合意（sexual consent）作

愛情必修學分
Z世代的情感和性別關鍵字

為現今許多人的性態度，雖然肯定了每個個體在性行為當下的自主性，並得以規範親密互動的基本界線，但卻無法解釋人際互動過程中，隨時變動、且因人而異的感覺和期待[6]。這或許也說明，為什麼在交友軟體約炮經驗的相關討論中，即使一開始雙方皆同意，仍不乏出現有人擔心自己「暈船」的情形。

就像社會存在著形形色色的人際關係，不同的交友軟體使用者可能也有不同的動機和期待，比如對有些大學生而言，使用交友軟體只是一種排遣無聊的娛樂方式，他們並不在交友軟體上尋找對象，而是單純滑動瀏覽其他使用者的個人檔案。也有大學生認為，交友軟體就像是沒有風險的愛情彩券，雖然不期待中獎，但中獎時還是會很開心[7]。儘管尋找約會或性伴侶仍是人們使用交友軟體的主要目的，但是其他目的像是人際（如：確立自我價值、溝通便利性），或是娛樂（如：興奮感、潮流），也是不少人用來解釋自己為何使用手機交友的普遍說法[8]。

此外，儘管有些人認為，科技中介的人際互動可以淡化身體的存在和限制，不過許多研究也證實，身體形象的圖片和其他符號線索作為交友過程中不可或缺的要素，當中便隱藏著深植在刻板印象中的性別化和性化社會互動，像在社群媒體Instagram上越是突顯主流性別氣質的自拍照片，例如性感纖

瘦的女性照片，或是展現男性健美陽光的自拍照，越容易得到
回應和按讚[9]。

當視覺被當作是唯一能夠趨近真相的認知模式時，我們可
以發現，社群媒體上仍然存在「外貌至上」的迷思，從「沒圖
沒真相」、「發文不附圖，此風不可長」，到交友軟體上的
「無臉勿敲」、「無臉不回」等現象共享同一套認識他人並賦
予價值的方式，而這與網路交友原本強調的虛擬、匿名特性互
相矛盾，從而衍生出騙照、盜圖等問題，更使得網路交友的實
踐存在更多的變數和複雜性。

換句話說，當代交友強調外貌和身體展演的特性，不單只
是體現出所謂的「速食愛情」現象，更是將性別化迷思鑲嵌在
科技實踐之中。比如，許多人的手機交友經驗仍然遵循「男主
動、女被動」的模式，雖有軟體業者宣稱自家的產品能夠提供
女性相對的主導權，但相關研究卻發現性別化的親密互動模式
並沒有明顯的差別[10]。而在交友軟體的直播文化中，性別規範
透過不同的介面功能（如：送禮物、追蹤、按讚、留言、分
享），轉化成以性別和情緒等個人特質為基礎的科技使用行
為，進而投射出特定的性別角色認同和交友模式[11]。由此可
見，這些科技的發展，並不是翻轉固有性別角色的特效藥，有
時反倒突顯、甚而強化了既有的社會規範。

拍或不拍？當私密影像成為關係的枷鎖

　　媒介文化深刻影響人們對於性的認識。在影視媒介開始發展之前，成人雜誌和女性雜誌是人們接收情慾相關資訊的重要途徑[12]，時至今日，色情影音平台和網路論壇則成為觀看和理解性資訊的主要管道。媒體成為性表達、交流和聯繫的重要媒介，科技的發展（如：虛擬實境和擴增實境的應用）也改變了人們體驗和理解性與色情的方式。也因此，色情的定義根據每個人主觀感受有不同的標準，有人認為描寫到性器官或性活動就算色情，有人認為把性物化才是色情，也有人認為只要是能引起性興奮的物品就能算是色情。

　　在針對流行文化的批判研究中，色情影像經常被認為是體現父權規範對女性身體規訓的男性凝視（male gaze）。相較於男性，女性在媒介文化中被以性化方式呈現的頻率更高。比如為了滿足男性的性需求，在色情影音或照片中常出現以男性視角來呈現女性身體、女性性愉悅的情節[13]。女性的身體，在大眾文化和媒體之中成為一種強烈性化和物化的景觀[14]，愈加突顯「男人觀看，女人看著自己被男人觀看」[15]的現象，以及強化男性理所當然認為自己擁有資格（entitlement）要求女性在身體、心靈上為自己付出的厭女（misogyny）結構[16]。

不過，也有些女性選擇在社群媒體分享自己的大尺度照片、參與自身性化影像的產製，在面臨輿論壓力的同時，被認為是透過展現自己身體，來獲得某種形式的掌控權。美國《Cosmopolitan》雜誌 2014 年的調查指出，在 850 名讀者（99% 為女性，平均年齡為 21 歲）當中，有 89% 的人曾拍過自身的裸照 [17]。換個角度思考，透過這些社群媒體的自我展演，不一定是為了滿足男性，也有可能是女性的個人選擇，從中獲得自信、愉悅和滿足。

必須留意的是，當人們開始以更多元的方式展露自身的情慾和性感，不能忽略未經同意散播私密影像（nonconsensual pornography）的問題。在沒有經過當事人同意，故意散布讓第三人觀覽當事人性交、裸露性器官等私密照片、影像的數位性暴力行為，最常發生在（前）配偶／伴侶間。出於個人意願拍攝的私密照片，或是權勢不對等關係之下強迫取得和拍攝的私密影像，由於分手、吵架等雙方關係破裂，可能會淪為威脅、勒索或報復對方的工具。請注意，即便情侶間的私密影音在錄製前有徵得雙方積極同意，也並非等於同意重製和散布。

談情說愛的方式，誰說了算？

今日，許多感情話題不再只是與情人間的竊竊私語，也常成為媒體文化和公共論述的一部分；而媒體中的性愛建議，不可否認地正深刻影響年輕世代對於親密關係的想像和期待，瀏覽 PTT「男女版」或 Dcard「感情版」，便可以發現為數不少的討論；網路上關於交友軟體的文章或影片，主題更是包山包海，從挑選合適的交友軟體到撰寫自我介紹，從開啟聊天話題到辨識對方是否真心，皆有所謂的專家、前輩諄諄告誡。這些

內容看似豐富、實用性高，卻可能隱含商業宣傳目的，或強化性別互動的刻板印象和性的物化，甚至傳遞特定階級的意識形態，因此在閱讀或觀看時應保持更開放的態度，避免全盤接收特定的觀點或經驗。

值得注意的是，「台女不意外」、「母豬母豬，夜裡哭哭」、同志「拒 C」（C 指 sissy，意為娘娘腔），種種厭惡女性和女性氣質的現象，以及傳統對於性別角色的刻板印象，仍普遍存在相關的議題討論中。這類「厭女」現象不允許性別概念出現灰色地帶（如：男性／女性、陽剛／陰柔），使得不僅僅是女性，男性、跨性別者、酷兒都可能受到影響。比如盛行於社群平台的男同志「拒 C」文化，體現的不僅是對陽剛氣質的崇拜，也將陰柔氣質視為次等的選項，讓同志陷入自我身體的規訓中[18]。

進一步來看，厭女現象並不等同於情感上的厭惡（如：喜歡或不喜歡對方），更多時候指向的是在父權價值系統下的性別刻板印象（如：「我很愛妳，所以妳獨自出門不能夠穿著迷你裙」）。又比如，某些網路迷因（meme）裡面，惡意的性玩笑經過幽默包裝之下，反過來轉型成一種看似以無傷大雅的方式訕笑邊緣化的性別群體。面對類似的情形，受到冒犯的人

們經常是處在矛盾的位置，一方面憤恨感慨，一方面卻又因為相關厭女傳遞出「一笑置之」的訊息，反而無從回擊[19]。

近 10 年來，媒體討論愛情的方式，從側重專家解釋，轉為更加個人導向。在這之中，人們越來越看重自己能產生共鳴的生命經驗，也更加容易認同和追隨那些看起來「忠於自我」的故事[20]。因為這樣的轉變，網路上的一則愛情小故事、一句簡短的留言，都很有可能讓我們反思或調整自己對於愛情的態度。比如有人將網路匿名論壇當作是抒發感情心事的樹洞，也有人有意識地將自己的愛情故事，化作一篇篇「放閃」文章。透過這些談論愛情的管道，我們有機會了解不同的感情和性／別經驗，但也需要提醒自己，無論這些愛情故事描述得如何具體，因為每個人看待自己、將自己和社會連接起來的方式不同，「每段親密關係都是獨特且難以複製的」。

關於愛情，同學想知道

Q1 用交友軟體「暈船」怎麼辦？

　　「暈船」原本是指發生過性行為，僅有短暫的浪漫，但是卻不小心喜歡上對方。現今更廣泛用於指涉一個人在還沒有全面了解對方的情況下，便主觀認定已經「非他不可」。事實上，喜歡一個人本來就是正常現象，但由於網路傳播環境缺乏社會情境線索[21]，因此在使用交友軟體的過程，很容易因為自己的想像而理想化對方。

　　對有些人來說，使用交友軟體不僅是尋找穩定交往對象，也可能是為了其他原因（如：單純交友或打發時間），若是自己太過心急，可能會誤判對方的心意。若發現自己已經「暈船」，建議先停下來並與家人、朋友聊聊，釐清自己的想法。若仍深陷於未確認的關係，可以先衡量自己在關係中的情緒狀態，若感覺到快樂的程度遠大於痛苦，建議可以多給自己一些時間，允許自己仍然依戀對方，只是需要多一些時間調適。若是多數時間感到痛苦，可以嘗試主動向對方表達心意，但要有理解和尊重對方對關係不同期望的心理準備。不論最終結果為何，請相信自己並不差，這些經歷都會成為自我探索的一部分，協助自己往下一段人生旅程踏實前進。

Q2 看到自己的男／女朋友「還」在用交友軟體怎麼辦？

　　事實上，每個人使用交友軟體的動機都很複雜，並不一定是對於原本關係的不滿足，或是真的想認識別人，也可能是為了自己能夠被看見。根據研究，使用交友軟體能夠滿足自我價值，能夠感覺到自己被很多人喜歡。另一方面，你的伴侶也可能出於害

怕在原先的親密關係中受到傷害而選擇使用交友軟體，因為對部分的人來說，交友軟體的線上空間提供了安全的心理距離，就算被拒絕，傷害也比較小。

不過，儘管有人認為使用交友軟體，可以作為伴侶關係緊張時的情緒出口，卻也有人認為這可能暗示了「精神出軌」，是破壞兩人關係的行為。如果有類似這樣的不同價值觀，請試著從同理的角度先試著了解伴侶的使用動機，向伴侶說明自己對於此行為感到的不安，並以開放的態度和對方溝通。同理，我們在現實生活中也會發生其他人際交往與親密關係的衝突，端看個人如何界定自己的底線，並且付諸實踐。

Q3 我好在意伴侶看 A 片，是我不夠好嗎？

由於男性看 A 片經常被認為是「正常」現象，因此關於伴侶看 A 片的討論，大多聚焦在女生討論或介意男朋友看 A 片的行為，由此可見性的認知和實踐存在明顯的性別差異。當看到伴侶在看 A 片時，我們可能會擔心伴侶是不是把 A 片中的主角投射成性實踐的對象，而延伸視為對彼此的感情不忠；或是擔心伴侶看 A 片後，會拿自己和 A 片中的主角比較容貌、身材、性吸引力等，認為自己不受到尊重。

另外，即便 A 片可能有些誇大不實的成分（如男女優的反應、困難的姿勢等），但仍不可否認地是許多人學習性知識的管道之一。對此，我們可以誠實向伴侶表達自己的感受，並且聆聽

伴侶對於性實踐的看法以及看 A 片的動機，在交流過後也許能減少彼此對於性實踐想像的落差，也增進雙方了解。

Q4 網路交友聊天要怎麼開始？要怎麼延續話題？

網路上的交友聊天相較於線下互動，經常是缺少表情、語氣等輔助，因此「訊息內容」是能不能讓話題持續延展的關鍵。不過相較於話題本身的精彩程度，例如瘋狂的、聳動的文字或圖片，雙方對於話題有高度共鳴，才有可能讓聊天進入更深的層次。

值得注意的是，或許有時光憑線上對話就會讓人覺得彼此似乎擁有許多共通點，很快便卸下心防，向對方掏心掏肺，甚至迷戀上這位尚未見過面的雲端朋友。但需要留心網友就是在網路上相遇的「陌生人」，在還未長時間觀察、有深入交流前，切記不要輕易透露自己的個人資訊，如地址、電話、經常活動的地方等，不要因為良好的第一印象，就一頭栽進自己的愛情想像中。

聊天是建立在雙方都願意溝通的基礎上，網路上異性交友若能打破由男生來開啟話題的「潛規則」，或許有機會增加雙方的互動，也就是不一定要由男生或女生主動聊天。如果是網路交友新手，可以從身邊發生的事情開始聊起，像是最近的校園生活、自己平時的休閒興趣，或是和家人相處的趣事，切忌單向地一直向對方問問題、索取資訊。透過分享自己的訊息（但請先保留自己的重要個資），反而能觀察對方的生活和自己的重疊程度，再從彼此的分享中，繼續延伸話題。

另外，也要傳達出良好的聆聽態度，讓雙方都感受到彼此的誠懇，也是一件重要的事。好的聆聽者在對方分享自己的生活時，能偶爾表達認同、回應對方的想法，或再透過自己的經驗將話題延續，讓對話的過程建立在舒服的節奏中。但要提醒，延續話題固然重要，可是毋需刻意勞心傷神地討好對方，在對話中適時展現出自信，抱著真誠的心情對待這段感情，才是延伸親密關係的不二法門。

Q5 對方想要拍私密照要如何回應？

若是另一半提出拍攝私密照的要求，自己還沒拿捏清楚是否要答應；擔心自己若不答應，對方會認為自己對他不夠信任，又或是不相信這段感情，但答應後又禁不住擔心這樣做是不是將自己暴露在風險當中，卻又不敢和伴侶討論是否該將私密照刪除？

其實，良好的親密關係是奠基於互相尊重，我們可以和伴侶討論：身體自主與感情認可並不用劃上等號，就算手機、相機內沒有存有各自的私密照，也可以利用文字記錄、一同出遊等其他方式證明彼此的愛。懂得愛與尊重的伴侶，會明白拍攝或儲存私密照並非是證明相愛的必要條件。

此外，也請思考在數位時代有私密影像外流和散布的風險，這些情況有時並非伴侶刻意為之，也可能因手機、電腦或相機送修不小心外流，或是電腦遭駭客入侵導致檔案被擷取等。拍攝私密照來紀念愛情並非禁忌，不過必定需要雙方共同完整評估可能風險，且得到積極同意，在互相尊重的前提之下才考慮進行。

Q6 如果沒有即時回應就代表不夠喜歡對方嗎？這樣會不會讓對方沒有安全感？

在網路通訊為主流的年代，我們擁有無時無刻都可即時溝通的便利性，但是「立刻回應」或「永不斷線」的文化（always-on culture）反倒成為普遍的溝通困境。由於溝通管道的多元性及方便性，有些人一旦沒有即時收到他人回應，便會感到不安焦慮。這樣的狀況也會出現在親密關係中，甚至有了不成文的規定：「對方重視自己的程度，與對方回覆訊息的速度呈正比」。換個角度來看，我們已很難想像，過去只能靠書信往返傳情的異地戀，等待對方消息的時間是有多麼漫長。

若你是因為訊息回覆速度不符合對方期待，而被指責的一方，可以等到雙方情緒都比較和緩後，先試著理解對方不開心的原因是什麼：是你們已經太久沒有好好談心嗎？對方是否正面臨人生重要關卡而徬徨、失去信心？還是只是單純因為你回覆訊息的速度不符合期待？因為衝突的發生往往不會是單一事件或單一方的責任。

同時，也可以跟對方溝通你當下被責備的心情，並讓對方瞭解到你對他的重視。更重要的是，雙方都應理解親密關係的信任與安全感不應該完全建立在回覆速度的快慢，而是相處的品質與過程，以及雙方平等交流的基礎上。

反之，若是你常因為對方訊息回覆速度不符合自己的期待，而感到沮喪、生氣，或許在下次發怒之前可以試著將心比心：每

個人都可能有忙得不可開交、想要暫時躲起來、不想回覆訊息的時候，當發現自己開始因為對方沒有即時回覆訊息，而感到焦慮並想責備對方時，請先冷靜下來思考自己焦慮的原因，並試著同理對方的處境。唯有當對方得到關心而非責備時，才有餘力去理解你的情緒；當彼此能夠坦承看待及處理自身在親密關係中的期待，便有機會找到更適合彼此的相處模式。

Q7 我覺得自己和對方面對面相處時，好像表現得不如用文字溝通時幽默、有吸引力？他會不會覺得我不夠好呢？

　　相較於面對面相處，文字溝通使我們能夠保有修正的機會與選擇權，能讓自己在過程中「感覺上」保有聊天的主控權。不過，這種溝通方式雖能讓我們彰顯自己有趣、有自信的一面，但與此同時，也讓我們開始過度檢視與修正自己的行為舉止，好像只要不夠有趣、吸引人，便不再是對方所喜愛的模樣。

　　文字溝通雖然能讓我們隱藏自己不願意被對方看見的那一面，但也有可能使我們逐漸處於一個無法接受關係的不完美，且過度自省的狀態當中。每個人因為個性的差異，會有不同的自在表達方式，想要在對方面前展現有趣、美好的樣子，也是可以理解的。但一旦發現自己開始過度在意自我形象、甚至捨棄其他的交流方式時，不妨自問：傳文字訊息是為了逃避風險（暴露自己所認為的缺點）？還是這樣的互動方式確實能符合雙方對於經營良好關係的期待？

若你還是擔心對方會因為你用了較不擅長的溝通方式，而對自己的好感度大打折扣的話，請務必先明白「沒有一個人的表現能永遠完美」，重要的是兩人在相處過程逐步建立的情感基礎，也就是說，親密關係的溝通並不存在好壞與輸贏。此外，我們也可以偶爾把注意力轉到對方身上，透過觀察對方在互動過程中的表情、肢體語言及語氣轉變，培養彼此相處時的默契。或許，並不是每一次都能完美接住彼此的球，但也因為如此，才能讓對方認識不同面向的你。

> 生活中仍然存在「外貌至上」的迷思和刻板化的性別互動模式，也使得網路交友存在更多變數和複雜性。

課堂活動範例

暖身活動

活動 1	「安安、你好、幾歲、住哪？」

參考下方示意對話框描述的手機交友情境，邀請同學回答預先設計的問題[22]。在討論過程中注意同學的填答情況，也可以提供額外選項「C 其他」，鼓勵同學表達不同觀點。

某天在朋友極力推薦之下，你打開了交友軟體，使用一陣子後便和一名符合你理想條件的陌生人配對成功，於是展開聊天。過程中對方積極主動地詢問你幾個問題，你會如何回覆呢？

哈囉～你住哪裡呀？

A 恩 …… 我不太方便說。

B 我住在台北。

覺得你很有趣欸，方便加你的 Line 嗎？

A 好啊～我的 ID 是＿＿＿＿＿＿＿＿

B 我覺得先繼續聊、再看看。

在工作了嗎？

A 還沒，不過已經準備好要去台積電上班了。

B 我還是學生。

你讀什麼學校什麼科系？現在大幾呀？

A 我讀＿＿＿＿＿＿＿，現在是小大一。

B 我讀學店，很爛，不好意思說。

可以傳一張你的照片給我嗎？

A 好啊，這是我上禮拜拍的（傳照片）好看嗎？

B 我不太常拍照耶～還是你可以先傳過來？

我最近看到一間不錯的咖啡廳，看你也喜歡喝咖啡，你會想一起去嗎？

A 我最近有點忙，可能沒辦法哦！

B 看起來還不錯，約什麼時候呢？

對了，我的貓會後空翻，你要不要來我家看貓？

A 我怕貓，可能沒有辦法哦！

B 好啊，怎麼去呢？

藉由下列交友話題帶領同學思考與討論，接著再進入本堂課。

- 除了透過校內或系上活動認識新朋友，還有什麼其他方法？
- 有人曾經／正在使用或曾經看朋友用過交友平台或軟體嗎？
- 有相關經驗的同學可以分享使用網路或手機交友的原因嗎？
- 沒相關經驗的同學，覺得會用網路或手機交友的動機是什麼？

小組活動

活動1　　不當他人感情中的酸民：建立友善的討論空間

活動長度：每組討論 15 分鐘，全班交流 15 分鐘，共 30 分鐘
分組人數：3 至 4 人／組

請同學針對以下兩個主題分享自己對網路生態的觀察和看法（如：
Dcard 感情版或社群媒體的輿論風向），接著請小組同學分別輪
流模擬「原 po」和「版友」兩種角色。請擔任版友的同學想像原
po 的立場與心境，並試著回應或提出解決方法（或者，不想要公
開回應的話會有什麼其他做法？採取其他做法的原因？）而如果
是該名發文的原 po，覺得自己為什麼會上來發文呢？會怎麼解讀
和回應版友的留言？後續會怎麼和伴侶溝通呢？

在活動過程中，也可以適時引導同學思考不同性別經驗的處境。如：是否曾經在匿名論壇看到 LGBTQ+ 的感情分享或相關討論？底下的留言內容可能會有哪些？如果你是原 po 或版友，又會怎麼回應呢？

1.「情侶之間該 AA 制嗎？」

我和男友目前都是學生，我們都很節省，沒花大錢約會的習慣。但是，有件事情我一直不知道該怎麼開口……

那就是，每次出去吃飯他都會先搶一步去結帳，但因為我也不想當場搶著付錢（怕不好看），所以我都會說下次我請客或者要還他錢，但男友每次都說沒關係，也總說是小錢。

我不知道我是不是應該要接受這樣的相處模式，也不知道在男友堅持的狀況下分 AA，會不會覺得我跟他分得太清楚，少了一點點親密感……因為我每次都還是會覺得很不好意思……

我知道 AA 制是被問爛的問題，但我還是想問大家覺得堅持 AA 不好嗎？還是該怎麼開口或討論會比較好？？希望大家給我建議！拜託！

2.「情侶之間該不該報備？」

女友是個不太愛報備自己行程的人。因為她覺得有時候只是一個人出門，沒有其他異性友人，所以不需要特別跟我講要出門或去哪。有時

候更誇張，女友會無緣無故消失，傳 LINE 也不回，我甚至要看共同好友的限時動態，才知道她目前在哪裡……感覺真的很差……每次都是跟我事後報備，到底先講一聲有很困難嗎？

其實，我希望她報備也不是因為控制欲很強，她説要去哪我也不會阻止，我只是單純擔心而已！因為好多次都這樣，也讓我每次在女友不回訊息的時候都很沒安全感……我們為這件事也已經吵過好多遍了。

她覺得正常人根本不會要求出門報備，請問真的是我管太多了嗎？

活動 2	遇到數位跟蹤和騷擾怎麼辦？
活動長度：每組討論 15 分鐘，全班交流 15 分鐘，共 30 分鐘 分組人數：3 至 4 人／組	

請同學看完以下故事後分享個人在社交媒體上透露的資訊有哪些？並且説明公開這些資訊的潛在危險？如果換作是這名網友，會怎麼做來表達自己想要進一步認識對方的心意呢？如果對方開

始減少見面頻率、主動疏遠時，自己又會怎麼做？希望透過本活動討論讓同學了解數位跟騷的嚴重性和防範方法，鼓勵同學正面看待感情的挫敗，發展有利於雙方的情感表達。

一天，你的朋友告訴你，他在幾個月前和一名從交友軟體上認識的網友見面，但是之後卻遭到長期騷擾。朋友說，對方一開始表現得相當有禮貌，也偶爾協助他在學業上遇到的問題，因此朋友也抱著在公共場合見面沒什麼關係的心態與對方見面。幾次相處過後，朋友沒有想和對方進一步發展並逐漸疏遠，也在某次訊息聊天中婉拒對方的邀約，並提到自己正出門和同學聚餐。沒想到，對方竟擅自出現在自己聚會的地點，接著開始長達數個月的訊息和電話騷擾。

課後練習

透過本堂課，我們一同思索了媒體和科技是如何影響我們對愛情還有親密互動的理解，也開始意識到由於社會位置和個人經驗的不同，每天接觸這些訊息或工具的我們，都有可能創造不同的情感和性別想像。在課程結束後，請花一些時間重新看看那些平日喜歡的小說、歌曲、廣告、影集、短片、電影、動漫、網站或是遊戲等，是怎麼樣描繪愛情還有親密互動？如果可以重新改編，會希望做出什麼調整呢？

∷給老師的教學叮嚀

1. 避免科技決定論的思考方式

新聞版面或是社會案件時常呈現網路交友危險、不安全的一面，大眾也多對於使用網路交友有既定的刻板印象。但事實上，利用網路平台交友本身並無絕對的好或壞，科技提供的「另類」交友管道，的確突破了以往社交活動的時間與空間限制。因此，我們在帶領同學討論網路交友議題時，必須先對這樣的社會及科技變遷有充分的認識，也應避免先入為主地評價網路交友行為，宜從理解大學生對於交友的期待與看法著手，從而更加了解實際的性別議題和困境。

2. 理解當代親密關係中新舊價值的並陳

近幾年來，親密關係的相關議題在社群媒體中看似更能夠被公開談論，主題廣泛包含如何與異性聊天、如何選擇對象，或是婚前性行為能否被接受等；在匿名社群網站 Dcard 中也有許多大學生談論關於感情與性的煩惱，包含怎麼談遠距離戀愛、約會吃飯要不要 AA 制、性事不合怎麼辦等。這是因為大學生在探索和實踐親密關係的過程，難免感到焦慮和徬徨，甚至不知道如何和同儕討論，許多人會轉而透過匿名社群網站詢問網友意見。但網路空間時常存在不理智或是不友善的發言，學生在尋求協助時反而可能受到傷害；線上性別議題討論的極化現象，也會讓學生在自我揭露時仍需面對主流性別規範。因此，家庭與校園也該提供充分討論親密關係議題的空間，在與學生討論親密關係課題時，應以同理的角度理解學生對於感情和親密關係的想法和不安，並審慎看待網路厭女文化可能帶來的影響。

3. 肯認多元性別

過往常用二分法將男／女、異性戀／同性戀相互區別來認識何謂性別與性取向，如今在多元性別的觀點中，除了出生即存在的生理特徵具有男女的分別外（事實上，生理性別的認定標準也不總是絕對單一），性別認同、性取向、性實踐等面向都是具有多元性的。性／別概念除了身分認同、性取向外，個人的性實踐也存在不同的喜好和表現形式，當這些形式都能被了解與尊重，方能使性別議題的討論更完備豐富。每個人對於自己的性／別認同和認識可能具有連續性，並非固定在某單一性別想像，也可能是流動變化的，網路交友、數位性暴力的型態也不是只會發生於男女之間的親密關係。認識多元性別有助於對性／別有相對開放的想像與理解。

4. 關注各群體在性別議題中的角色

過往提及性騷擾、性暴力、性剝削等議題，經常會將女性預設為受害者，並提醒女性需要特別留意潛在的危險。雖然有調查指出，性別犯罪中約有九成受害者確實為女性，不過，我們同樣要關注男性、酷兒、同志等族群在性別暴力中的受害情況，不能因為受害的當事人非社會所預設的群體，害怕會被檢討或被認為是咎由自取而噤聲。當我們的焦點經常放置於女性身上，也不能忽略其他同樣可能受害的族群。

:注釋

① Turkle, S. (2017). Alone together: Why we expect more from technology and less from each other. Basic Books.

② Anderson, M., Vogel, E. A., & Turner, E. (2020, February 6). The virtues and downsides of online dating. Pew Research Center. Retrieved from https://www.pewresearch.org

③ Business Overview (2021, May). Match group. Retrieved from https://s22. q4cdn.com/279430125/files/doc_downloads/overview/Match-Group-Business-Overview-May-2021-vF.pdf

④ 哥白尼（2020 年 6 月 10 日）。〈約炮男、加 line 妹？交友軟體上最常滑到的男女前三名！〉。取自 https://medium.com/datingapprenaissance/%E7%B4%84%E7%82%AE%E7%94%B7-%E5%8A%A0line%E5%A6%B9-%E4%BA%A4%E5%8F%8B%E8%BB%9F%E9%AB%94%E4%B8%8A%E6%9C%80%E5%B8%B8%E6%BB%91%E5%88%B0%E7%9A%84%E7%94%B7%E5%A5%B3%E5%89%8D%E4%B8%89%E5%90%8D-1c5316c63083

⑤ Lovejoy, M. C. (2015). Hooking up as an individualistic practice: A double-edged sword for college women. Sexuality & Culture, 19(3), 464-492.

⑥ Illuoz, E. (2021). The end of love: A sociology of negative relations. Oxford University Press

⑦ Davis, D. A. (2018). Understanding the motivations behind dating applications: Exploring future predictions [Master's Thesis]. Kansas State University.

⑧ Sumter, S. R., & Vandenbosch, L. (2019). Dating gone mobile: Demographic and personality-based correlates of using smartphone-based dating applications among emerging adults. New Media & Society, 21(3), 655–673.

⑨ Butkowski, C. P., Dixon, T. L., Weeks, K. R., & Smith, M. A. (2020). Quantifying the feminine self(ie): Gender display and social media feedback in young women's Instagram selfies. New Media & Society, 22(5), 817-837.

⑩ Bivens, R., & Hoque, A. S. (2018). Programming sex, gender, and sexuality: Infrastructural failures in "feminist" dating app bumble. Canadian Journal of Communication, 43(3), 441-459.

⑪ Wang, S. (2020). Calculating dating goals: Data gaming and algorithmic sociality on blued, a chinese gay dating app. Information, Communication & Society, 23(2), 181–197.

⑫ Gill, R. (2009). Mediated intimacy and postfeminism: A discourse analytic examination of sex and relationships advice in a women's magazine. Discourse & Communication, 3(4), 345-369.

⑬ Attwood, F. (2017). Sex media. John Wiley & Sons.

⑭ 康庭瑜（2019）。〈「只是性感，不是放蕩」：社群媒體女性自拍文化的象徵性劃界實踐〉，《中華傳播學刊》，35，125-158。

⑮ Berger, J. (1972). Ways of seeing. Penguin.

⑯ Manne, K. (2017). Down girl: The logic of misogyny. Oxford University Press.

⑰ Barker, E. (2014, September 3). Cosmo survey: 9 out of 10 millennial women take naked photos. Cosmopolitan. Retrieved from https://www.cosmopolitan.com

⑱ Lovelock, M. (2019). Gay and happy: (Proto-)homonormativity, emotion and popular culture. Sexualities, 22(4), 549-565.

⑲ Drakett, J., Rickett, B., Day, K & Milnes, K. (2018). Old jokes, new media online sexism and constructions of gender in Internet memes. Feminism & Psychology, 28(1), 109-127.

⑳ Favaro, L. (2017). Mediating intimacy online: Authenticity, magazines and chasing the clicks. Journal of Gender Studies, 26(3), 321–334.

㉑ Sproull, L. & Kiesler, S. (1986). Reducing social context cues electronic mail in organizational communication. Management Science, 32, 1492-1512.

㉒ 可使用 Google 表單或其他互動式教學平台製作問卷進行課堂測驗遊戲。

愛情必修學分
Z 世代的情感和性別關鍵字

審美標準　　　身體形象　　　外貌焦慮　　　厭女文化　　　性羞辱

第四課

認識自己

我就是我，跟你不一樣，又怎樣？

課程重點

1. 從視覺文化史的觀點理解「美」的社會建構特性
2. 討論當代主流身體美學論述所展現的特定立場與觀點，及其在人際關係與情感關係中造成的焦慮
3. 重新審視自我形象與身體美學，並建立更具性別意識的感情觀
4. 認識性霸凌與不當追求

授課老師────李玉瀚

法國社會科學高等學院藝術史博士。主要關注近代東亞的視覺文化，以及造型的全球史、感覺史等課題。現為國立金門大學戰地史蹟與閩南建築研究中心博士後研究員。

「一身黑色洋裝曝光性感鎖骨，細肩帶展露大片雪白肌膚……」，關注娛樂動態的妍妍看著新聞中的女星沙龍照，再望著鏡子裡自己的身體，心裡想著：「我的肩膀怎麼寬……」

　　在當代性別與情感教育的架構中，已有許多針對性別氣質、性暴力與性騷擾等課題而展開的討論，但在這些問題的背後，可能隱含著一個更抽象、卻不容忽視的結構：欲望的視線與「美」論述構成之間的關係。藉由重新審視這個文化結構，或許能幫助我們重新思索性別框架中存在已久的宰制與壓迫是如何形成與複製，以提供有助於改變此種現狀的思想養分。

在本堂課中，我們將由藝術史的經典論題出發，也就是藝術中的女體、被預設的觀者性別，以及這種觀看結構是如何形塑出一套以異性戀男性為中心的美感論述，並在近代各種商業機制的包裝、媒體通路的行銷之下逐漸被社會接受，成為女性自我檢視、自我規訓的一套日常標準[①]。同時，也將討論當代女性在面對此種由異性戀性別文化所決定之美感框架時的幾種基本回應方式，與其引發的一些可能現象。透過討論來描摹出人類社會迄今揮之不去的厭女文化輪廓，以及由此種負面文化衍生出的性別、情感實踐問題。如果能釐清相關概念，或許能夠成為日後對抗與解決這類問題的重要觀念基礎。

你在看我嗎？

女性作為被凝視、被觀看的客體，在人類社會中有著長遠的歷史。如果到世界知名的美術館走一遭，我們會發現在那些以人物為主題的繪畫作品（不論是肖像畫、歷史畫或古典神話主題繪畫），有許多以女性為主要表現對象。在晚近的藝術時期，「裸女」更是十分常見的人物畫類型，相對於歷史紀錄中寥寥可數的女性藝術家，這類描摹、表現出女性之「美」的作品卻彷彿在藝術史上是不成比例的多數。為此，主要由女性藝

術家組成的女性主義行動團體「游擊隊女孩」（Guerrilla Girls）便曾經高聲質問：「女人非得裸體才能夠進入大都會美術館嗎？」（Do women have to be naked to get into the Met. Museum?）

事實上，這類由生理男性藝術家所創造的女性形象，不只提供了一系列面向異性戀男性觀者目光的順從身體，更塑造出一套界定女性之「美」的規範性準則。從這個角度來看，我們或許可以說「美女」的定義是相當封閉的，而決定這種「美」之邊界的則是異性戀男性。英國藝術評論家約翰‧伯格（John Berger）對此類藝術活動提出一種詮釋：「男人觀看女人，而

女人則注意到她們被男人注視」[2]。這個美意識的建構歷程分別賦予了生理男性「主動者／觀看者／主體」，以及生理女性「被動者／被觀看者／客體」的相對角色，從而在文化的層次上強化、固化了「男女有別」的身體觀、美感判準與欲望實踐。在這樣的結構中，女性由於注意到自己的客體位置，因而經常傾向於尋找、服膺（不論是出於意識或是無意識）那個加諸於己身的「男性凝視」（male gaze)，以及其背後所預設的美學標準。其結果便是女性形象與美感的趨同化、標準化。

在「被欲望的客體」與「被觀看的對象」的權力結構規範之下，女性變成了所謂的「第二性」（Le deuxième sexe）[3]。這種隱含著權力關係、宰制意涵的美學觀點所影響的並不僅是藝術史上的經典作品，在視覺文本爆炸性增長、視覺文化蓬勃發展的今天，其影響強度不減反增。推動這個現象的，則是消費主義文化及其背後旺盛的資本驅力。

誰的完美男／女人？

自 19 世紀以來，以追求自由競爭與資本積累為核心的資本主義，在各種嶄新技術的加持下日漸暢旺。在這之中，影像擷取設備（照相機、攝影機）與印刷技術的發展普及，對於商

品消費以及大眾文化的建構，尤其具有重大的意義。這是人類歷史上第一次能夠進行如此快速而大量的圖像生產、複製與傳播，圖像對人類社會與文化的影響力，也變得比過往更為巨大。在這些快速增生的圖像或影像中，女性的身體及形象依然占有重要位置。

當圖像／影像與大眾消費結合，也意味著女性形象的塑造和再現本身，實際上成為了資本主義邏輯的一環。在這樣的結構中，女性形象的生產遠較過去更快、數量更多，但這些形象所體現出來的美意識，似乎更為狹隘、單向，並仍以異性戀男性為主要受眾。因此，我們可說此時女性的外在形象（包括容貌與身體）與其涉及的美感標準，還是受到非常特定的性別位置，以及與之相應的觀看方式構成的權力關係所掌控。

進入當代時期，媒體技術及娛樂產業的發展又更強化了這個結構。大眾媒體看似越來越蓬勃與多樣發展，閱聽人眼中所見的性別角色與性別氣質卻有可能越來越僵固，生理男性與陽剛、勇氣、果決、承擔等特質緊緊相繫，生理女性則難以跳脫溫柔、體貼、順從、依賴等氣質的性別刻板框架。在這樣的建構過程中，女性往往被附加了更多在外貌、身體條件的規範與想像：緊緻光滑而白皙的皮膚、纖瘦的身材，乃至特定的面容特徵等都體現出某種具體審美標準，甚至成為社會評價女性，

乃至於女性自我評價的指標。從這一點來說，當代社會對女性外表的期待，與百餘年前的世界相比，其實沒有太大的改變。

在賣座電影、當紅劇集、知名廣告、時尚雜誌中，人們看到的是美感表現頗具一致的女性形象，但生產者沒有讓受眾看到「這些『完美女性』形象是如何被打造出來的」。要成就一個媒體塑造的完美女性形象，必須兼顧嚴格的身體訓練與飲食控制，某些「美」的要件更是以犧牲身體的舒適及健康來獲

得，例如高跟鞋對足部造成的負擔與傷害。為了符合時下主流審美標準，也有人試圖以醫學美容技術改變先天外貌，韓國父母為女兒籌備整形基金，甚至成為一種普遍的社會風氣。

儘管在上述的媒介與影像素材中，同樣存在著理想化的男性形象，以及對男性美感的特定想像（如強壯、高挑、濃眉等），但相較於對女性的期望，對生理男性的要求顯得寬容的多。這個現象說明了即使我們身處 21 世紀，「男性作為懷抱欲望的觀看者、女性作為可欲的被觀看者」之預設並沒有發生根本性、結構性的變化，這些彼此疊加、錯綜複雜的視線和欲望所構成的特定美感論述，依然深刻地影響社會對於每個個體（特別是生理女性）對外在形象所抱持的期待和要求。

不完美的個人，完美的受害者

前文提及的特定審美標準與美學評判傾向，雖說多是以較軟性、規訓性的方式（例如透過大眾媒體與教育體系）介入人格養成與日常生活，但並不代表此一結構就不具備相對更硬性或恫嚇、懲戒性的手法，用以「對付」那些不願或難以被規訓的「失格者」。正如在殖民體制中，殖民者在治理策略上往往採行恩威並施的「糖飴與皮鞭」手段，藉由兩面手法更有效地

確保被凝視、被欲望的對象能夠順從，或是配合那些由觀看主體所決定與默認的指引，並時刻檢視自身形象是否能趨近那些特定的美感標準。甚者，這種對於特定審美價值的服膺、實踐，從而轉化為一種「成功人士」或「人生勝利組」的象徵。

人們因此逐步形塑自身的性別角色與相應的觀看／被觀看位置，並進而把這種認知內化為自我認同的一個重要部分。「男女有別」、「男生應該如何，而女生又應該如何」彷彿是出於自然，而非社會建構的結果。雖然這並沒有阻卻每個個體自我探索、發展主體的可能性，但這樣的行動（即使是在無意識的狀況下）卻未必都能成功，也不一定都能通往更好的未來。對一個保守的社會來說，不符合其對性別氣質與美感預設的個人，必須面對比其他社會成員更大的壓力，也更容易成為社會中的他者（others）與遭受迫害的對象。

舉例來說，蔓延歐洲數百年的獵巫浪潮，雖然最初是出於宗教的理由，但最後卻成為部分有心人士迫害他人（尤其是不符合傳統教條中理想形象之女性）的藉口。在 15 世紀出版的獵巫「教科書」《女巫之槌》（*Malleus Maleficarum*）中，就曾將女性對性慾與性愉悅的追求，當作判斷是否為女巫的一個重要標準，「與魔鬼性交」更成為許多無辜女子被指控為女巫而獲罪的理由。在獵巫行動的高峰，任何思想與言行不合「道

德規範」的女性，都有可能被指控為女巫。

今日雖然已經不再有宗教獵巫，也有許多敢於衝撞框架、違逆刻板化性別角色的個人，不論是意圖打破性別「玻璃天花板」的人物，或是勇敢現身、追求權利的性少數群體。可是，有時仍不得不面對來自他人的批評、霸凌或「指教」，這些無端的惡意，在今日往往以一種「性羞辱」或「身材／外貌羞辱」的型態表現出來。以生理女性來說，不論是被酸民蔑稱為「醜女」、「母豬」，或是用反向修辭如「這個，我可以」、「乳不巨，何以聚人心」等，其實折射的始終都是無所不在的刻板化性別框架，以及這個框架下所衍生的壓迫性美學判準。

愛情必修學分
Ｚ世代的情感和性別關鍵字

左右都不是，為難了自己

　　但是，若一個生理女性的外在條件恰好符合主流的理想形象論述，且她也不吝於展現、甚至利用這個條件，是否就不必承受這些惡意？其實未必。以藝術史的一個經典案例來說，「裸女」主題雖然在歐洲繪畫中長期占有一席之地，但並不是所有的裸女作品都能被人接受。其中最知名的爭議可能來自於馬內（Édouard Manet）的《草地上的午餐》（Le déjeuner sur l'herbe）與《奧林匹亞》（Olympia），這兩件作品所描繪的裸女都呈現出平靜的神情，並且直直盯著畫外的觀者。這種對於觀看者視線的冷漠，讓畫面中的女性看起來不再是一個具有誘惑力、被動地渴求男性肯定與寵愛的角色，而更像是與凝視她的畫外之人保持著一種對等的關係。這也讓當時的評論者普遍認為這兩件作品「敗壞道德」，並指稱在畫作中看似主動、自在的裸體女性可能是娼妓，是藝術性低劣的作品。

　　這個例子展現了在外貌羞辱之外，父權中心社會對生理女性的另一種常見攻擊方式：蕩婦羞辱（slut shaming），也就是將女性的價值與其「貞潔」相連。當女人在性方面表現出主動性、大方展露欲望，都可能構成對「貞潔」的傷害。這種「不貞」不但被認為是一種道德方面的虧缺，更成為社會對特定女

性進行言語霸凌、甚至人身攻擊的理由。從這一點來說，我們可說父權社會實際上具備一種深刻的內在矛盾：女性是被異性戀男性凝視與欲望的對象，她們必須熟悉這個位置，但不能主動迎合與回應這種欲望，否則將會成為在道德上有瑕疵的人，以及一個可被批判的對象。

於是我們會發現，生理女性在自我認同的發展過程中，實際上處於一種處處受限的矛盾狀態，一方面必須依循男性所設定的言行、容貌、身材標準，將自己塞入一些特定的美學框架之中，以滿足特定欲望的投射；另一方面，生理女性又必須極力克制自身在情慾上的探索與追求，並且避免顯露過多的性吸引力，以符合社會對「理想女性」形象的要求。

舉例來說，美國的迪士尼頻道憑藉著一系列兒童與青少年劇集，打造出多位廣受歡迎的女童星或年輕女星，如知名的小甜甜布蘭妮（Britney Spears）、麥莉·希拉（Miley Cyrus）都是其中代表。在她們出道時，製作公司刻意將其形象塑造成開朗的鄰家女孩模樣，即使偶有俏皮、作怪，甚至叛逆的一面，但其言行舉止並未在真正意義上跳脫社會的想像與期待，成功地讓她們成為全民追捧的青少女偶像。但隨著她們年紀漸長，開始建立自我認同與探索不同表演方式、拒絕再扮演故事中的「乖女孩」，形象也逐漸背離迪士尼官方所賦予的標準，甚至

愛情必修學分
Z世代的情感和性別關鍵字

表現出更多挑戰規範、展現性感的行為
時，卻招致大量的批判與責難，其中
包含不少外貌羞辱或蕩婦羞辱言論。
雖然她們當中有人憑藉著自身充足的
資本與表演天賦，最後得以轉變形象，
跨過這個困難而尷尬的階段，也維繫
了事業上的成功，但也有人無法承受
如此高強度的社會壓力與言語攻擊，
以致於影響了身心狀態、甚至危及往
後的事業與人生，例如琳賽蘿涵
（Lindsay Lohan）爆紅

之後的種種脫序行為，就讓她的聲勢一落千丈，
直到目前都無法走出人生低谷。

　　除了生理女性面臨的主流形象期望，其他
性少數（如同志族群、跨性別等）也有類似的
困境。過往，在支配社會的特定意識形態與不
友善氛圍影響下，身為性少數者若選擇認同自
我的形象與情感發展，得經常面對外界充滿惡
意的性羞辱與外貌羞辱，否則必須盡力隱藏、迴
避自身的情感需求，並刻意追求符合社會期待

的某些特定性別角色和形象。即使從 20 世紀 60 年代以來，生理女性與性別弱勢群體的社會地位、個人權利已有相當改善，但特定性別角色、性別形象卻仍存續在社會中，有許多地方的女性與性少數族群還是生活在性羞辱、性暴力的陰影下。像在部分奉行嚴格保守派宗教教條的地區，對於女性的行為與身體仍施加非常嚴格的控制，甚至打著傳統、禮俗的大纛，公然傷害女性與其他性少數的身體，乃至於剝奪其生命（諸如在某些地區依然盛行的女性割禮、「榮譽處決」、或是對同性戀者的暴力攻擊甚至獵殺等）。

不一樣，又怎樣？

長久以來僵固的性別形象，實難在短期內產生結構性的扭轉，但或許我們每個人都可以開始做一些有意義的改變。其中，學習審視整個社會文化對於不同性別所採取的觀看角度，並反思與此相應而生的種種「理想形象」論述，或許就是值得考慮的出發點。當每個人都能更清楚認識自身形象的構成與各種審美、乃至道德上的要求都不是如此「自然」時，或許就有機會嘗試區辨自身的感受、認同與外界要求之間存在的複雜糾葛，這也將成為人們重新認同、面對內在需求的可能契機。最

終，我們將從中摸索出如何建立一個能讓自己接受、舒適的形象，並發現自己終究不需要當任何人眼中的完美男人／女人。

當一個人能夠不再過度回應他人期待、也不再強迫自己符合特定形象時，就更能「接納自己的獨一無二」，也代表自己在面對他人給予的錯誤評價或是情感操弄手段時，會有更好的識別與抵抗能力。例如近年時有所聞的 PUA（pickup artist），就是利用人性對自我的懷疑、自信心匱乏等特質，透過打壓、貶抑、羞辱來創造一種關係中的權力不對等，進而讓對方在精神上更強烈地依附自己，並達成削弱對方的自我認同、操弄對方情感，乃至於控制其身體與行動的目的。

這種常見於不當追求與有毒情感關係之中的人際關係技術，與心理學上所稱的「煤氣燈效應」（gaslighting）[4] 頗多吻合，要破解此種透過心理操弄的追求行為或是情感關係，其中一個重要的基礎就是先建立對自我的肯定。當個體從特定形象、特定審美或特定價值所建構的外部框架中解放，並且坦誠面對自我、找到屬於自己的方式來好好評價自己，就有機會了解到：「在某些人的眼中，也許我並不標準、也無法被某些既定的形象框架給規範，但我仍有我自己獨特的、值得欣賞的價值，我是獨一無二的、『可愛』（lovable）的存在。」當我們能意識到這一點，或許也就多了與來自他人的惡意和操弄進行

直球對決，乃至戰勝它們的底氣與餘裕。透過這些努力的累積，或許也會有更多人發現：「每個人都是如此不同，而每個不同的人都有不同的美、不同的質地、不同的價值。」那麼，不一樣，又怎麼樣呢？

　　性別，除了生理條件之外，還包含了大量社會建構的結果，正是這一套結構的運作，讓不同的性別被套入特定的形象框架，差異化性別角色也體現在社會對兩性之間有關身體規訓、審美判準與行動模式等方面有不同要求與期待，而且透過視覺化技術的快速發展、商業行銷及各種影視與網路媒介的輔助，逐漸轉變成為一種宰制性的「知識」，並且影響個體的發展和養成過程。

身處這樣的性別與審美規範之中，或許我們可以先從學習坦誠面對、合理評價自我形象開始，至少可以有意識地提醒自己：「『我』的價值並不僅存在於他人的眼中。」每個人都有屬於自己的美好形象，也都因此值得愛與被愛。當我們能夠體認到這一點，或許就能找到內在的力量與能動性，去破解那些從刻板印象、僵固思維或是負面的性別文化而來的無端批評與攻擊。抱持著這種意識，或許能以更具同理心的角度認識身邊的人，避免自己成為既有結構中的壓迫者或加害者。若有越多的個人能夠有這樣的積極意識，相信今日這般仍帶有壓迫性的性別文化、身體審美結構，就還能有進一步改善、乃至翻轉的空間。

關於愛情，同學想知道

Q1 女性主義理論總是不忘批判生理男性，身為男人難道是原罪嗎？

雖然女性主義理論經常針對父權體制，以及其所衍生的差異化社會結構、社會處境等進行批判，但其目的並不是要攻擊任何特定個人或性別。女性主義試圖達成的是更宏觀、更具結構意義的目標，也就是辨識出既存的社會結構、慣行，以及文化生產、再生產過程中所顯露出的父權社會痕跡，透過這樣的審視，進一步思考女性在這樣的社會與文化結構之中，可能會遭遇的種種問題、限制、束縛、威脅等。唯有讓這些問題成為「可見」（visible），我們才可能進而去思索解決問題、破除限制的具體行動方式。因此，女性主義的立意並非「反男性」，而是希望點出女性生命歷程所伴隨的結構性挑戰，並期望能逐步消弭性別之間的差別待遇。

此外，女性主義在審視與批評圍繞著父系血緣而建構出的階序性權力體制時，經常會發現這個體制的參與者與擁護者，並不僅限於生理男性，其運作與維繫往往有大量的生理女性參與其中，這些被父權體系收編的女性，其思考與行動的邏輯同樣也是我們必須注意的對象。

由此觀察，女性主義的理論及實踐從來都不是要狹隘地去攻訐特定的性別或個人，而是著眼於結構性的問題，並思考解決之道。一旦養成此種性別與權力之眼，這種視角也將進而帶我們去看見更多的性少數、性弱勢群體，並嘗試去同理其困境，帶領社會往更公義而良善的方向前行。

Q2 課堂上說，女性被男性凝視與欲望，但女性也會欣賞與欲望男性啊！這樣不就表示兩性之間其實是平等的？

觀看的行為與欲望的投射，都來自於人類作為生物的一種本能和衝動，就這一點而言，的確是不分性別、性傾向而共同擁有的一種情感與行為趨力，因此很難說在不同性別之間存在顯著的觀看行為差異，特別是當代女性在情感與欲望的發展上已經有了較大的空間與自由度。但若回到結構性的角度，我們還是能清楚地觀察到，就「情欲的展現及投射」而言，社會對於不同性別仍存在相異的評價基準與道德要求。

簡而言之，生理男性在我們的社會中經常仍是被鼓勵、養成為一個觀看與欲望上的「主動者」，生理女性則是以成為一個「被動者」作為目標。透過這樣的預設，不同的生理性別也就被賦予了不同的姿態、行為標準。同樣的行為，由不同的生理性別來實踐，可能就會導致不同的社會評價與社會壓力。從這樣的結構來說，很難相信性別之間已經達到足夠平等。

Q3 女性有身材焦慮，男性也會有，男性的焦慮也該受到關注吧？

在 20 世紀影視產業與時尚工業的推波助瀾下，女性的身材焦慮問題已經有數十年歷史，「以瘦為美」的審美標準，讓許多文化、各個世代的女性幾乎是不停歇地尋找能夠改變身型、重塑體態的方法，即使其中有許多方法會對身體健康造成負面影響（如可能造成健康風險的減重藥品與減重方式等）。至於那些無法達成（或是趨近）所謂「理想女性形象」的女性，則是對此感到挫敗、焦慮與困擾。這樣的負面情緒可能在某些人身上表現得更加嚴重，從而造成焦慮、憂鬱甚至恐慌等影響日常生活與社交活動的心理狀態。

然而，即使是演藝圈或時尚圈中的女性工作者，也有可能無法免於此種僵化的美感標準與形象要求所造成的傷害，例如過去時尚圈長期要求模特兒保持極度纖瘦的身材，某些人甚至因而患上厭食症。作為全球知名的女性內衣品牌，「維多利亞的秘密」過往的年度大秀總是吸引萬千目光，但所呈現出的女性身體美感標準不但非常單一，也十分刻板，其視覺美學經常被認為是為了迎合異性戀男性的目光，某程度也讓該品牌在近年的聲譽、利潤顯著下滑，被迫重新審視品牌的商業策略，思考如何以女性的需求與喜好作為產品設計與展現出發點。

相較而言，男性的身材焦慮問題被觀察到的時間似乎較晚，其起點約在近 10 至 20 年間，大約是從連鎖健身房品牌進入臺灣市場後，其種種行銷策略與形象包裝，在在強調身材（不論性

別）的重要性。先不論健康考量，更低的體脂肪、更高的肌肉量與更清晰的肌肉線條，這類單一化的身體美學和形象框架逐漸與個人魅力、意志力等表達正面意義的修辭捆綁在一起，讓越來越多的生理男性開始受到這一套論述體系的影響。透過社群媒體的推波助瀾，也得以觀測到男性對於自身身材的焦慮日益明顯，這是接下來在討論性別議題時必須關注，並思考如何面對的。

Q4 我們有女性總統、政府首長與許多女性 KOL，臺灣的女權還不夠高嗎？

相較於過去或是某些人權低落的國家與地區，臺灣的女性權益在過去數十年間確實已有相當程度的進步。從 1996 年彭婉如事件所換得的《性侵害犯罪防治法》立法，到近年來女性政治人物在檯面上的曝光率，以及有更多的女性願意投入公共領域行動、發聲等都是重要的指標。但如果仔細檢視整個社會與文化結構中的細微之處，還是會發現女性公眾人物遭到外貌羞辱、蕩婦羞辱、性羞辱等批判、攻擊的比例仍然遠遠高於男性。此外，當女性走入情感或婚姻關係，乃至懷孕生子，都可能更容易被社會與組織放大檢視。例如前立委洪慈庸在任期內結婚與懷孕，就曾被批評「只會忙著結婚生子」，但這樣的評語卻不會落在同樣於任期內結婚生子的男性立委身上。

然而，若因此判定不同世代女性所面臨的難題，同樣都是來自於家庭價值的枷鎖，以及家務勞動的綑縛，或許過於簡化了女性的處境。事實上，在當代的臺灣社會中，隨著女性教育程度的

大幅提升，有越來越多女性致力於職場發展，並在專業領域中追求成就與自我實現。隨著雙薪家庭成為社會常態，更多人對於女性在職場上的表現有所要求，但於此同時，家庭內部的私領域事務仍被視為女性（特別是已婚女性）無可迴避的責任，這也讓許多女性陷入了「蠟燭兩頭燒」的困境。因而，相較於男性，女性必須消耗更多的時間、精神與體能來維繫日常生活的運轉，也不得不承受更多的社會期待、更大的生活壓力，所作所為也受到更嚴苛的檢視[5]。從這個面向來說，生理性別的差異，依然是造成社會結構性不平等現象的重要因子。

Q5 我是一個喜歡化妝打扮、展露身材的女生，但會有人因此騷擾我，也有人覺得我是為了迎合男性，並且物化自己。我只是愛美，不行嗎？

人對於美好事物的嚮往與追求是一普遍的行為，身體的裝飾、服飾的設計，乃至於藝術的創造和發展等行動，始終存在於人類的歷史之中，並且成為人類文明的一個重要特徵。人會愛美、喜歡裝扮自己，想辦法表現出自己美好的一面，是理所當然的，甚至也是大部分人的共同願望；而且「美」有各種不同的標準或是表現形式，每個人也應該能按照自己的意願與偏好，去決定什麼才是屬於自己的美。

如果你對自己的身體線條感到有自信，認為這能表現出你最美的一面，那麼展現出來也就是自然的事，這同時是自我滿足、自我實現的一種方式。但這絕不是在邀請任何旁人破壞、侵犯你

的身體界線，兩者之間並沒有因果關係，任何人都不可以以此為藉口，自以為合理地做出罔顧你的感受，甚或違背你意願的各種行為。

如同前面提到，「美」的定義與型態是多元而流動的，它並沒有一種專屬的、絕對的表現方式。若你所具備的外在條件符合男性社群所追求的主流審美標準，那可能僅是偶然，你想表現出這樣的美感特質，也不必然意味著放棄自身的主體性與獨立性，或成為某種世俗美感判準的附庸。在聽到這樣的質疑之前，請先自問：「我喜歡這樣的自己嗎？」若你能肯認自己表現的外在形象、感受到自己所呈現的外在形象所散發的美感，那麼他人的評價對你來說或許就不再是最重要的事。

真正關鍵的，應該在於你是否能夠發掘、認同屬於自己的「美」特質，以及你是否真心愛著、欣賞著這樣的自己，答案若是肯定的，那麼，當你在面對這些外界的質疑、批評與「指教」時，便足以自在應對了。

Q6 我很羨慕那些長得好看、受到大家歡迎的同學與朋友，我想，像他們那樣的人不會有所謂的容貌焦慮吧？

雖然我們無法精準知道每一個人的想法與感受，但外在條件好的人是不是就不會對外貌或身材感到焦慮？這個問題的答案似乎經常是否定的，外貌條件好的人或許也在某些狀況下，承受著旁人難以理解的壓力。事實上，我們經常在影視娛樂新聞的版面

上看到許多已成名的明星、模特兒（尤其是女性）被外界拿著放大鏡仔細檢視身材與面容上所謂的「瑕疵」，只要腰間有一點贅肉或是臉部有任何不自然，都可能會招致批評，以致影響其心理健康，甚至罹患憂鬱症、厭食症等。

這樣對外觀的刻板評價早在媒體發達的 1990 年代即已浮現，隨之而來的負面效果在今日社群網路時代又進一步被放大。社群平台上自我展演、吸引眼球、虛擬互動的特質，也間接帶動了更多擁有較佳外貌條件的人進入社群媒體產業之中，這些網路名人一方面對內競爭資源，一方面對外販售光鮮形象，造就了比過往更顯著的比較風氣和容貌焦慮。有部分國家為了對抗此種對於個人身心健康極為有害的審美標準，開始以政策為手段來管制，禁止時尚業界雇用過瘦的模特兒，以免助長單一的審美風氣。我們必須了解的是，不論你是否天生就具備符合主流審美的外在條件，要避免陷入這類壓力與焦慮，必須先肯認自身的優點，才有辦法避開那些無所不在的比拚、指教，與永無休止的競爭。

66

「我」的價值並不僅存在於他人的眼中。每個人都有屬於自己的美好形象，也都因此值得愛與被愛。

99

課堂活動範例

暖身活動

請先拋出幾個情境來帶領同學發表意見及互動討論，比如以小甜甜布蘭妮 2022 年的新聞為出發點，播放相關紀錄片（如《陷害布蘭妮》之片段），引導同學表達觀看後的心得與想法。主要切入點包括：媒體如何塑造與操弄女性形象（鄰家女孩、甜心歌手到私生活混亂、精神失常）；當男性與女性被捲入同一場公關風暴時，社會對於男性的寬容與對女性的嚴苛，如對大賈斯汀（Justin Timberlake）新聞事件與對布蘭妮的差別待遇；最後讓同學們自行思考、判斷目前的社會與文化對待不同性別（或者主流性別與性少數）之間是否已達到足夠的平等，並確保所有性別皆能享受相同的權利。

小組活動

活動 1	虛擬網紅？
活動長度：15 分鐘討論，15 分鐘發表，共 30 分鐘	
分組人數：3 至 4 人／組	

影視娛樂與時尚產業的發展在很大程度上影響了閱聽人的美／醜判準。透過相關素材[6]使同學先概略認識時尚產業、演藝產業對於特定外貌形象的偏好，如何影響公眾人物對於形象的塑造，以及形塑我們對於美的認知；再請同學討論自身使用社群媒體的情況，歸納自己如何在社群平台上進行自我形象的塑造與呈現，分析自身對於「美」的判準，可能是在哪些外在影響之下形成。

活動 2	審判者的資格？
活動長度：15 分鐘討論，15 分鐘發表，共 30 分鐘	
分組人數：3 至 4 人／組	

生理女性往往被要求必須柔順而被動，且不能表露出追求或享受情慾的姿態，「守貞」經常是作為評判女性價值的主要標準之一。相對地，生理男性則必須大膽、主動，並且勇於表現及實踐自身的性衝動，甚至以性能力作為男性價值的評量指標，然而情慾在本質上是中立且客觀的，對安全性生活、性愉悅的追求，應是不分性別的。

本活動以社群媒體中的惡整約炮女孩事件為討論案例[7]，在了解事件始末後，請同學分享對該事件的心得（在這件事情中誰有錯？為什麼？），並且試著思考如果今天事件中的「約炮女孩」是你的家人或朋友，你會怎麼看待與理解他的行為？在活動討論

後請進一步告訴同學，性實踐不應該單就性別差異而以不同標準來看待，除了要尊重每個個體的情慾發展樣態與相關需求之外，更應該避免濫用網路空間、社群媒體，對他人進行性羞辱、外貌羞辱等人身攻擊。

活動 3	認識 PUA[8]，遠離恐怖情人
活動長度：15 分鐘討論，15 分鐘發表，共 30 分鐘	
分組人數：3 至 4 人／組	

透過近二年較知名的 PUA 事件個案（牟林翰[9]、田昀凡事件[10]等），引導同學討論與分享自己是否有經歷過類似 PUA 的情況，或是是否有認識的人曾經遭遇過類似的事件。當聽聞或是遇見有人正受到 PUA 的傷害，可以使用什麼方式來協助對方？如果是自己遇到類似的事情，會採取什麼樣的做法來應對？

課後練習

請同學利用出門逛街購物的機會，多注意一下百貨公司、商業街道的廣告看板上出現的人物（不論男女或是其他性別）都是以什麼樣的形象呈現？他們有沒有什麼共通的外貌特徵或是美感上的相似特質？也觀察及感受我們日常生活環境中幾乎無所不在的廣

告文宣圖片、文字，一再試圖向每個人傳遞的是什麼樣的訊息？回家之後，檢視一下自己的衣服、鞋子、配件、保養品等個人儀容相關物件，看看自己是否也有受到媒體傳遞的價值觀與美學觀點影響。不論有或是沒有，都可以試著思考一下可能的原因？接著思考是否喜歡自己現在的形象，最想讓人看到的是什麼樣的自我形象？

::給老師的教學叮嚀

1. 理解女性主義發展脈絡

具備女性主義發展脈絡的基本認知，對於性別教育具有重要的意義。一直以來，我們討論的性別平權、情感教育、身體自主等重要理念，可說皆誕生於 20 世紀以來，女性主義理論與運動發展的成果。女性主義的發展最初雖然以改善女性地位與權益為主要訴求，但隨著整個思想與行動體系的發展，今日的女性主義面對的是更結構性與概念性的「性政治」問題，以權力建制、性意識等為重要的討論對象，並面向所有身處在性政治結構中的弱勢者。因此，作為性別／情感教育的引導者，必須對女性主義相關理論與主張具備相當的認識，如能透過文化研究對於日常生活的關注，拆解社會中常見的既定刻板印象與結構，也能讓女性主義的觀察變得更加細緻而貼近大學生的生活。

2. 避免教條主義

在某些性別的討論中，我們可以觀察到有單一教條主義化的傾向。例如，將女性遭受到的一切性別問題皆歸納為異性戀男性的錯誤，便是其中一種常見的說法。然而，這種過度化約的歸究，卻不具備在真實世界中被再次驗證的可信度。因為在一個壓迫性的社會文化結構中，不會只有單一的影響要素、也不會只有一個行動者，相反地，結構之運作與存續，永遠都是由許多不同個體、不同觀念與不同行動互相碰撞與共同作用的結果。如果不能謹慎避免教條主義，會非常容易落入尋找「稻草人」或獵巫，並且是黨同伐異、相互攻訐的意識形態戰爭之中。對於改善性弱勢族群的地位與權益不但沒有任何助益，反而可能在激起過多情緒的同時，抹消了對話與理解的空間，把意圖實踐的理想與目標推得更遠。

：注釋

① 規訓（discipline）為傅柯（Michel Foucault）在其著作《規訓與懲罰》（Surveiller et punir: Naissance de la prison）提出的概念。這個詞彙主要用來指稱一種特殊的權力形式：它既是權力干預身體的訓練與監視手段，也是不斷製造知識的手段；本身就是一種「權力—知識」結合的產物。

② 陳志梧譯（1991）。《看的方法》。明文。（原書 Berger, J., Dibb, M., & BBC Enterprises. [1972]. Ways of seeing. BBC Enterprises.）

③ 邱瑞鑾譯（2015）。《第二性》。貓頭鷹。（原書 Beauvoir, S. [1989]. The second sex. Vintage Books.）

④ 「煤氣燈效應」一詞來自 1930 年代電影《煤氣燈下》（Gas Light），指的是透過「扭曲受害者眼中的真實」以達成控制受害者的心理操縱技術，否定、貶低對方，讓對方逐漸喪失自信心是其中常見的做法。

⑤ 張正霖譯（2017）。《第二輪班：那些性別革命尚未完成的事》。群學。（原書 Hochschild, A. [1989]. The second shift: Working parents and the revolution at home. Viking.）

⑥ Abby Huang（2017 年 5 月 7 日）。〈杜絕時尚圈不合現實的「美麗標準」 法國法律禁止雇用過瘦模特兒〉，《關鍵評論網》。取自 https://www.thenewslens.com/article/67756。張妤瑄（2019 年 11 月 22 日）。〈維多利亞的秘密官方宣佈大秀取消　內衣天使恐走入歷史〉，《ETtoday》。取自 https://fashion.ettoday.net/news/1585669。大陸「限娘令」出人命！26 歲網紅遭性別霸凌　留遺書絕望輕生〉（2021 年 12 月 17 日）。取自 https://stars.udn.com/star/story/120661/5968400

⑦ 范綱皓（2018 年 10 月 17 日）。〈Bump 男人幫拍影片惡整約炮女生？不允許挑戰的男性尊嚴，讓社會充斥過時的蕩婦羞辱〉，《女人迷》。取自 https://womany.net/read/article/16910

⑧ PUA（pickup artist）是 1970 年代開始於北美地區夜店發展出來的交際手段，最初的用意是在教導不善社交的男性如何向女性搭訕並發展關係，隨著這套方法在次文化圈的流傳，也逐漸形成一套自成一格的系統性方法。PUA 的相關概念與出版品在本世紀初透過翻譯而進入亞洲，在臺灣、中國與日本都曾造成相當程度的流行。但此種方法在亞洲經常更進一步被扭曲成以「養—套—殺」為基本套路的情感勒索及控制手段，因而飽受社會批評。

⑨ 〈牟林翰折磨包麗致死事件〉。取自 https://zh.wikipedia.org/wiki/%E5%8C%85%E4%B8%BD%E8%87%AA%E6%9D%80%E4%BA%8B%E4%BB%B6

⑩ 傅紀鋼（2019 年 8 月 14 日）。〈濫用 PUA 騙炮的田男事件，反映了哪三個社會現象？〉，《關鍵評論網》。取自 https://www.thenewslens.com/article/123394

第五課

認識親密暴力
勇敢說 NO，不要小看自己的力量

課程重點

1. 認識親密暴力的特質、類型與形式
2. 認識親密暴力的權力運作模式，並避免可能的風險危害
3. 建立並發展親密暴力的公共健康知識能力

授課老師————翁智琦

南韓釜山國立大學中文系客座教授。國立政治大學台灣文學所博士，研究關懷為文化冷戰史、美援文化，以及臺港文學中的歷史、記憶與性別。

小潔一上大學便從學長姐那邊聽聞「大二聖誕節魔咒」，她和同學下課時常一起討論如何脫單、增加吸引力，也在匿名社群上看到許多人形容自己伴侶是控制狂的相關發言。小潔渴望進入一段親密關係，卻也怕遇到有暴力傾向的對象……

　　親密暴力的發生並不侷限在單一國家或人種，事實上，無論生理性別、年齡、教育程度、社經地位、族群、身心狀況的差異，每個人都有遭遇親密暴力的可能；同志伴侶更易因主流社會的偏見、歧視，讓這段關係變得封閉且充滿壓力。儘管臺灣在 1998 年通過《家庭暴力防治法》後，各縣市陸續成立「家

庭暴力暨性侵害防治中心」，提供家庭暴力被害者相關服務，但仍有同志因身分曝光，而遭到其他家庭成員施暴或拘禁，只能透過友人間接向「臺灣同志諮詢熱線協會」求助，卻無法向家庭暴力防治網絡單位求助[①]。

什麼是親密暴力？

親密暴力指的是：凡是配偶、同居者、家庭成員（無論具有實質或形式家庭關係者），因為糾紛、衝突衍生各種形式的暴力，或者其中一方為了控制對方的思想、價值或行動，而採取暴力的手段，長久以來便形成一種習慣使用某種強制形式去控制對方，讓對方順從的模式。簡而言之，當伴侶間發生肢體、性或情緒的虐待，就是親密暴力[②]，常見於求愛期短暫，或一見鍾情的情況，這也是親密暴力的特徵之一[③]。

親密暴力並非單指肢體上的傷害，而且通常讓人難以察覺與辨識。有些人誤認為只有肢體暴力才算是親密暴力，有些人則以為親密暴力只會發生在異性戀夫妻、男女朋友間。事實上，親密暴力可能來自精神的、情感的、心理的，也包括經濟控制、行動控制與性暴力等。在同志伴侶間，威脅要公開對方的性傾向或性別認同，更是相當常見的親密暴力。《家庭暴力

防治法》在 2007 年的修法中，也將曾有或現有同居關係的同志伴侶，納入保障。

值得注意的是，親密暴力並不是一直都處於激烈狀態，它有一種循環模式。美國學者萊諾爾‧沃克（Lenore Edna Walker）透過訪談婚姻受暴者，將親密暴力的循環模式分為三個階段：緊張期、爆炸期（嚴重暴力事件）、蜜月期（平靜、道歉）。緊張期的暴力事件通常比較輕微，受暴者往往會先設法讓對方冷靜，比如安撫、順從或迴避，同時選擇接受對方的暴力，但不是認為自己該遭受暴力對待，只是站在避免更大衝突的立場上，選擇不細究事情原委，而隨之會出現常見的心理防衛：「否認」，為自己的受暴與對方的施暴找尋合理化藉口。比如 2021 年，民進黨立委高嘉瑜指控男友林秉樞家暴事件，林秉樞在移送過程中，便向媒體強調許多影片是和高嘉瑜一起拍，甚至由高嘉瑜掌鏡等語[4]。這樣的論述不僅指出施暴者在為自己的施暴找尋合理化藉口，同時也表露受暴者在受暴時為了自我防衛而進行的安撫、順從舉止。

當緊張期的暴力沒有獲得釋放，反而逐漸累積時，就會因壓力過高而進入爆炸期，此時可能會出現較為嚴重的暴力事件。這時期的暴力展現不僅無法預測，更難以控制。不過，雖然受暴者已經產生心理或身體上的傷痛，許多受暴者仍不會意

識到自己的傷有多深。比如受暴者可能開始擔心會再發生什麼狀況而時時警覺，承受極大心理壓力，因此變得比較悲觀與退縮，愈來愈焦慮、難過，還常伴隨生理及心理的症狀，如失眠、頭痛、容易疲倦等。

通常在爆炸期的暴力發生後，施暴者會道歉，並承諾改變暴力行為、不會再犯；受暴者常會因期待對方的正向改變，而忽略了關係中的暴力模式。雙方可能在這時都會有種「事情過去了」的輕鬆感，甚者，受暴者除了承諾改變暴力行為，為了表示改過的誠意，可能也會做些不一樣的事向對方示好。久而久之，原本應該要被看見的焦點：暴力的本質、關係裡的暴力模式，便會逐漸被模糊[5]。

理解親密暴力的特質、類型與形式

　　親密關係暴力有許多種形式，包括肢體暴力、精神暴力、性暴力，其中以精神暴力發生的比例最高。「肢體暴力」是指用手或拳頭推、撞、抓、打，掌摑、掐脖子、用腳踹，或是用刀、槍或者其他武器、危險物品威脅或攻擊。而「精神暴力」則是限制伴侶與親友往來，或出席任何社交場合，也可能運用數位科技監控伴侶行蹤、要求伴侶解釋與其分開時的活動，常見的還有侵犯伴侶隱私，比如私自打開或閱讀信件、訊息，以及過度嫉妒與佔有，甚而以粗俗、不堪的言語辱罵或貶抑伴侶，到學校或工作場所騷擾伴侶，或威脅要傷害伴侶的親友。另也有以自殺或自殘威脅要繼續維持伴侶關係，控制伴侶的財務、掌握伴侶的經濟或要求伴侶負擔所有開支，以及損壞伴侶的財產、傷害共同養的寵物或伴侶心愛的物品等。

　　相較於異性戀伴侶，同性伴侶相對缺乏可用的資源，更不乏親密暴力的發生，LGBTQ+ 族群的交往關係與社群也有過許多親密關係暴力案例。同志伴侶可能還會遇到特有的精神暴力形式，包含威脅出櫃、諷刺伴侶不是真正的同志、以傳統性別角色樣態威脅、強迫伴侶明確表示對同志身分的認同等。

　　通常，精神暴力的受害者多會將加害者的威脅解讀成「因

為愛我，所以他才會這樣做」，尤其是在親密關係的初期，或是受害者本身特別脆弱的時候[6]。根據《親密關係暴力》（*No Visible Bruises*）作者斯奈德（Rachel Louise Snyder）的描述，處於精神暴力的受害者經常會提到伴侶如何控制他們的外表、飲食、衣著與來往的對象。隨著時間的流逝，加害者慢慢切斷受害者擁有的一切出路，包含家庭、朋友與社會。最後，精神暴力竊取了受害者的所有自由[7]。

「性暴力」則是強迫伴侶發生性行為，如果不配合其性要求就會動怒，或阻止伴侶從事安全性行為、故意傷害伴侶的性器官或性虐待。在性健康心理運動中，有句口號是「Only yes means yes」，也就是說，性必須是「我說要，才是要」。不過，性暴力並不等於性虐戀（BDSM），性虐戀會引發該族群愛好者的性愉悅，性暴力卻會造成伴侶痛苦。性行為發生時，若伴侶開始毆打你，而你覺得很

痛苦，希望這場性行為能停止，伴侶卻繼續毆打你的時候，就構成了所謂的性暴力。

許多人認為，施暴者是被激怒的，暴力「只是」情緒發洩的方式，然而這樣的想法是在某種程度上暗示、甚至誤以為施暴者不需為暴力傷害負責。我們必須明白，暴力施加的核心問題是「權力控制」，在暴力行為背後通常有兩個權力控制的目的：一為希望伴侶繼續留在關係中，二是藉此滿足自己的某些需要。而這些目的的由來，其實與我們的社會文化息息相關。

親密暴力中的情緒操控

世界衛生組織曾對於「15 至 69 歲，曾有伴侶或曾遭受親密伴侶身體或性暴力的婦女」進行調查，結果發現區域經濟條件與親密關係暴力盛行率相關，比如中低收入區域的親密關係暴力盛行率，往往高於高收入區域[8]。然而，這並不意味著受暴者皆是資本弱勢，有些接受高等教育、具穩定經濟能力者，仍有可能成為受暴者。

國內多位學者[9] 傾向從社會文化觀點探討受暴者婦女的因應與求助，強調親密關係暴力具有社會文化意涵，通常父權或

重視家族主義的社會，對於男性對女性的暴力行為容忍度較高。例如：華人社會重視「男尊女卑」、「男主外、女主內」，並強調「犧牲個人、顧全大局」，女性遭受配偶施暴，會以顧全家族顏面而被要求隱忍[10]。從這樣的研究基礎上更可看到，性少數伴侶是異性戀主流文化中的弱勢，遇到親密暴力，除了面臨關係的考驗外，更須面對被迫出櫃的挑戰。

這也是性政治權力模式相當典型的運作範例：在性的外部差異存在著性與階級、性別、種族、年齡、身體、公民等等的關係，性的內部則會有同性戀、雙性戀、S／M、家人戀、性工作、愛滋、私生子、跨性別、女性情慾、青少年的性等等之間的關係。在不同階層間，都會出現壓迫、剝削、歧視、管制、支配等現象，而「道德」往往是決定階層的核心。因此，當親密關係暴力發生時，施暴者與受暴者雙方都可能會受到主流社會的「標準道德論述」所影響而產生衝突，施暴者可能會以下列方式或情境讓伴侶覺得自己沒有受暴：

（1）「我沒有打你，所以你不是受害者。」
暴力並非只有肢體暴力，暴力還會以精神暴力、財務控制、性暴力、言語暴力施加。在同志伴侶中，言語與精神暴力是常見的暴力形式。

（2）「這是正常的。」

施暴者為說服伴侶，會強調其施加的暴力行為是「正常的」，或說「在關係中這很正常」。但事實上，暴力行為在任何關係中都不正常，絕非健康的伴侶關係。

（3）「你是施暴者，我才是受害者。」

當受暴者為了避免被暴力對待出現自我防衛行為時，施暴者可能將受暴者的自衛行為解釋為是在對他施暴，或者稱彼此是互相施暴。

（4）「都是你的錯。」

施暴者透過責怪受暴者「造成」他出現暴力行為，以利將施暴責任從自己身上轉移至伴侶身上，但事實上是受暴者不應該被責怪。假如施暴者是前任或現任異性戀伴侶，家庭成員（如父母、公婆）也可能會有此說法。

（5）「都是因為壓力、酒精或藥物濫用。」

施暴者可能會將暴力行為歸咎於某些情況，比如壓力、失業、藥癮、酒癮。然而，當施暴者選擇對伴侶施暴，而非傷害酒館老闆、職場上司或其他人（當然這也是不允許的），就顯示出施暴者的暴力行為是經過考量後的選擇。「被歸咎」只是施暴者用來正當化自己暴力行為的藉口。

（6）「我會改、我會改。」

施暴者通常在暴力事件發生後會承諾改變，這些承諾可能讓受暴者回心轉意，並且選擇繼續留在關係中。但是，一旦施暴者確認伴侶會繼續留在關係中，這些承諾將會被遺忘。

（7）「沒有法律可以保護你。」

施暴者可能會這麼告訴受暴者：「沒有人會幫忙、同志伴侶間的暴力沒有納入法律保障。」

以上這些都是常見的「煤氣燈效應」（gaslighting，又稱情緒操控），屬於一種精神或心理虐待。操控情緒的人往往會刻意用假訊息矇騙受害者，讓受害者懷疑自己的記憶與判斷能力。《家庭暴力防治法》的保護範圍也包括同志伴侶，無論是被前任或現任伴侶施暴，都能向家暴防治專線 113、警察、家暴中心等單位求助[11]。

即便如此，當暴力行為出現時，即使有社工、警察願意給予協助，受暴者也有可能在被協助的過程中出現拒絕、排斥、不想被聯繫的反應。因為當受暴者正在經歷一段不和諧的關係，通常會為此感到迷茫，內心五味雜陳，對施暴者既有愛戀和依戀，也摻雜了困惑、委屈和懷疑，甚至會覺得被人操控了情緒而感到憤怒、羞愧，卻無法清楚知道問題出在哪裡[12]。

認清自身處境並採取行動

心理學博士黛博拉‧維納爾（Deborah Vinall）在她的書中曾提供一個簡單測驗，讓人辨別自己是否正陷入情緒操控中，我們也不妨借用這個測驗先自行檢視，才能進一步釐清自身情況[13]。

在下列問題中，若自身情況符合敘述便打勾：假如你勾選了 10 個以上，表示可能遇到會操縱情緒的人，這段關係是有問題的；勾選 8 到 10 個，可能代表與對方互動關係不良，而且對方似乎在操弄你；勾選 6 到 8 個，對方可能偶爾會操縱你的情緒[14]。在進行量表測驗時，也請將該選項發生的時間記下，因為那關乎暴力發展階段的變化。很多人做了危險評估卻沒有記下時間，這樣會錯失情況惡化的重要資訊，並且無法在認清自身處境的全貌後，採取有效行動[15]。

☐ 你常常自我懷疑，不確定自己的記憶是否準確？
☐ 你覺得不能相信自己的情緒？
☐ 你常常害怕別人不相信你說的是真話？
☐ 你發現自己在回想某些事件時，有人經常反駁你？
☐ 你是否覺得幾乎所有的衝突都是你造成的？
☐ 你和某個人說話時，會覺得自己「有點發瘋了」？

☐ 對方經常明示或暗示，説你「過於情緒化」嗎？

☐ 你覺得和對方説話時感覺自己卑微渺小，卻不知道為什麼嗎？

☐ 對方經常強調自己的權威地位嗎？

☐ 對方會貶低、嘲笑或忽視你的感受和經驗嗎？

☐ 對方是否經常對你的成就輕描淡寫，卻大肆宣揚自己的成果？

☐ 對方似乎從未承認過錯？

☐ 你和對方見面後會自我懷疑嗎？

☐ 你是否開始質疑事情真如眼見的一樣糟糕？

　　當受暴者受到親密暴力的情緒或精神虐待時，可能會出現自我懷疑、感到羞愧、覺得自己不夠好或自己是多餘的、自我批評、有負面想法、覺得自己一無是處、飲食不正常、有成癮行為（濫用藥物、瘋狂購物、暴飲暴食、賭博成性）、很渴望他人給予自己肯定和關愛、不想和他人過於親密、焦慮、憂鬱、感到絕望，甚至有輕生念頭[16]。無論如何，當發現自己情緒激動或深陷

回憶之中，務必體諒自己。有些暴力行為在當下似乎難以評估，但事後回想卻清晰可辨。斯奈德在其書中便提到[17]，當受害者經過一、兩天或一段時間的冷靜與沉澱，基本需求都獲得滿足後，他們的狀態通常會有所好轉，較能夠放眼未來、做出明智的決定[18]。因此，當遇到親密暴力時，務必讓自己停下腳步，安排休息時間、深呼吸、重新整理情緒，要相信自己絕對還有許多時間去成長和療癒。

親密暴力的變形：反思網路厭女文化

親密關係暴力因它的私密性，常被認為是私人的、獨立的問題，然而親密暴力的產生結構，與社會所面臨的諸多問題有關，包含教育、醫療保健、貧窮、藥物成癮、心理健康、遊民與失業等。也就是說，親密關係暴力雖有它的私密性，然而其形成的原因與社會結構密切相關，因此它從來都不是單一事件，更是亟需解決的公共健康問題。

伴隨著數位科技的進步，親密暴力時常成為透過社群平台分享的個人經驗主題之一，進而發展成網友們聚集討論、具普遍現象的公共議題，如出現在 BBS 八卦版、Facebook 的爆料公社或 Dcard 感情版等。在這當中，親密關係的暴力也時常透

過網路展現，並可能就是因網路的公開性而變形成「厭女文化」。在前面幾堂課也提過的厭女文化，是來自於社會中的厭女情結（misogyny）的當代文化現象[19]，當我們在理解厭女情結時，不應只是將它理解成對女性整體性的深層心理憎恨，因為如果僅是這樣理解，可能會造成社會更極端的性別對立。

厭女文化研究者凱特・曼恩（Kate Manne）在其專書提供我們對厭女情結更寬容的詮釋：「最好的概念是把厭女情結想成父權秩序的『執法部門』——這個部門的功能是監管與執行性別化的規範和期待，讓橫跨不同年齡層的女性因為性別與其他因素，而遭受不合比例或格外具有敵意的對待。」如果一個女性未能提供一個「男性認定自己受到虧欠之物」，她往往就會面對懲罰與報復，這些懲罰和報復可能來自於同情她的支持者，或她所鑲嵌於其中的厭女社會結構[20]。

讓厭女情結屹立不搖的力量相當強大及普遍，無論在家務勞動、醫療照護體系，身體自主權與政治場域中，甚至是看似完全支持女性平權的領域，如立法院、市政府等，都可能是社會展現厭女情結的場所。例如鴻海創辦人郭台銘在為選舉站台時，特別指出無黨籍立委洪慈庸「忙著結婚、生小孩」[21]，或者臺北市長柯文哲曾在出席青年論壇聊美學時，提及「臺灣女性不化妝，素顏直接上街嚇人」[22]，都能看到厭女情結如何根

深蒂固地影響我們的社會與生活。

伴隨數位科技帶來的高度便利性、即時性與某些社交平台的匿名性，也讓網路使用者能更輕易地將厭女情結的意識投放出來。在網路厭女文化中，針對性別對他人施加暴力，並在他人身體或心理上造成傷害或痛苦的行為，屬於行政院性別平等處所定義的「數位性別暴力」[23]，亦即是一種「暴力」作為。值得注意的是，雖然近年關於性別暴力的調查，如現代婦女基金會在 2017 年的新聞稿指出[24]，性別暴力的受害者多為女性，但並不侷限於特定生理性別，在一些案件中也可以看到特定性別群體的弱勢處境，例如在同志交友軟體中的假帳號誘騙，進而以「出櫃」要脅對方。男同志若遭到數位性暴力，經常會被視為自作自受，甚至在進入警政司法流程時，還得面臨是否服用毒品或從事性交易等可能質疑[25]。換句話說，數位性暴力的受害者不只是生理女性，男性、主流想像中的「人生勝利組」、性開放者、多元性別等，皆有可能是受害者。

因此，使用網路科技請務必謹慎，任何公開的個人資訊皆有可能被他人不當存取，進而讓自己暴露於風險之中。根據行政院在 2021 年 11 月三讀通過的《跟蹤騷擾防治法》，8 種跟蹤與騷擾行為包含：監視觀察、不當追求、尾隨接近、寄送物品、歧視貶抑、妨害名譽、通訊騷擾、冒用個資[26]。由此可

見，雖然科技中介的人際互動已相當普遍，但在交友過程也需留意個人資訊的揭露程度，同時注意個人行為是否已經對他人構成性騷擾或數位跟蹤等犯罪事實。

如果我們的親友或任何人遭到親密關係暴力，請務必同理當事人承受的痛苦和無助，對被散布的性私密影像或語言霸凌做到不點閱、不下載、不分享、不譴責被害人[27]，或參照教育部「遭遇數位性別暴力的『四要』防護守則」：要告訴師長、要截圖存證、要記得報警、要檢舉對方。此外，在網路世界交友或透過影音展現身體自主與能動性時，也須謹慎思考，不違反意願、不聽從自拍、不倉促傳訊、不轉寄私照，以降低數位性／別暴力的可能。

網路科技的即時性、匿名性、跨時空，提供了數位性／別暴力議題討論的良好基礎，卻也同時得面對「回聲室」（echo chamber，又稱同溫層效應）帶來的情緒極化可能。若透過公審反制，甚至要求特定性別群體遠離網路科技，不僅是忽略社會複雜性的鴕鳥心態，也是對於公共論域的打擊。我們應該做的是反思未經同意散布私密影像、厭女文化等數位性／別暴力的結構性因素，並賦權於每個主體，將每個人視為實在與完整的人。

關於愛情，同學想知道

Q1 如果在路上遇見有情侶在吵架甚至發生暴力行為，我該怎麼辦？

　　當你看到或聽到有人激烈爭吵、受暴或騷擾時，請「別」保持沉默，因為那可能讓悲劇發生。當遇見有情侶發生激烈爭吵、受暴或騷擾時，你可以依照現場情勢，判斷適合以下哪項協助：

1. 禮貌而堅定地以身體稍微隔開兩人之間的物理距離，請雙方冷靜一下。
2. 向動手的人表示「你這樣的行為是不 ok 的，請停止」；如看到肢體衝突，或聽到激烈的打罵聲、摔東西的聲音，可協助撥打 110 報警。
3. 機智的臨機應變，例如：打斷兩人「不好意思借過一下」「不好意思，可以借張衛生紙嗎？」「請問 xx 路怎麼走？」
4. 請其他路人一起幫忙。
5. 如果你對於自己主動上前協助的舉動不太有信心，也可以主動在你的社交平台、親友間表達你對受暴者的支持，主動為他們發聲、參與相關活動或連署。

Q2 我的朋友好像遇上恐怖情人。朋友說：「他說他太愛我了，如果沒有我的話，不知道該怎麼辦。可是有時候我覺得壓力很大！」我可以做什麼呢？

當朋友告訴你，他／她可能遇上恐怖情人，請先別急著說出意見或立刻提出分手建議。請先專心聽朋友敘述他／她的交往情況，讓朋友知道你可以陪伴他／她度過難關，而不是要批評他／她，聆聽時也要留心朋友是否已有人身安全及情緒崩潰之虞。

在聆聽朋友敘述時，可以盡量點出「你跟他／她在一起很不快樂」，而避免用謾罵朋友伴侶的方式。請把焦點放在關注朋友的身心狀況，並讓朋友了解若暴力的狀況沒有改善，很有可能會越來越嚴重。

通常受暴者的自信會較為低下，擔心萬一分手，會找不到對象；或者想幫助對方，認為對方沒有這麼壞；也可能已經習慣對方的威脅恐嚇，習慣無助感；或是並沒有意識到自己正處在一段親密暴力關係中。請試著引導朋友思考：「如果你的伴侶讓你有害怕的感覺，那你可能要想想這

段關係是不是還有其他讓你不舒服的地方？」「你的感覺很重要，要仔細留意你心裡的感覺。」「你要相信，沒有人有權力傷害你。」「會發生這樣的事並不是你的錯，你不需要為他／她的行為負責任。」假如朋友意識到自己正處於親密暴力關係中，那麼可以引導他／她試著向專業心理諮商師求助。請務必提醒朋友，向其他朋友或專業求助，並不是代表自己有問題，而是愛自己、愛對方的表現。

Q3 我的朋友好像是恐怖情人，可能有向伴侶施暴的傾向，我能怎麼做？

如果你的朋友察覺到自己在關係裡的行為並不正當，而他／她願意鼓起勇氣告訴你，這是一件很不容易的事，你應該先感謝他／她對你的信任，並且給予肯定與鼓勵。

通常會成為恐怖情人的人，可能是在感情中比較沒有安全感、缺乏自信，因此先協助朋友釐清沒有安全感或缺乏自信的來源是相當重要的。請試著聆聽朋友的感情狀況，並陪他一起找出可能的原因，也讓他試著從自己伴侶的角度思考，或者換另一種方式思考感情。如果可以的話，陪朋友一起尋求專業機構協助，試著用不同方式來處理感情關係，讓朋友透過更多陪伴來釐清自己的想法與作為。

Q4 伴侶時常以「這是我們愛情的紀念」、「你不在時我可以看這些照片或影片想你」說服我拍攝親密照片或影片，但我其實不願意，可以怎麼做？

　　臣服於另一個人的情況不會憑空發生，而是隨著時間逐漸侵蝕。一步步、一點一滴地削弱一個人的力量，直到他／她不再覺得自己是「個人」為止。身體是建立自我意識、發展自我認知最基本的物質，假如伴侶總是未經你同意，拍攝你的身體隱私部位，那你的自我將會逐漸被削弱，自我界線也將越縮越小。「只要你不願意，你必須要求伴侶停止」，若伴侶並未停止，並且以愛情為名繼續做你不願意的事，你應該與他溝通，並堅定表明自己的立場與感受，不要放棄對自我界線的維護，因為一旦放棄，那就是喪失自己最基本的權力。

Q5 我在一個家暴環境中長大，這樣的我還有能力談戀愛嗎？

　　當然有。但是在談戀愛之前，我們要先清楚戀愛與自我的關係。戀愛通常是自我的反射，如果細心覺察，應該會慢慢發現對伴侶的好／壞情緒，主要出自對自己性格中的欣賞、不滿或缺憾。然而，沒有一個人生來就懂得如何談戀愛，即便是在所謂「完美」家庭成長的人也一樣。

　　在家暴環境中長大的你，或許會因缺乏安全感，不知不覺複製了原生家庭的情感模式去談戀愛，並讓你充滿挫折或失望。尤其在成長過程，假如曾有家暴經驗，可能會比不具家暴經驗者，更迫切希望藉由戀愛、婚姻方式建立新的「家庭」或愛的型式。假如能耐心審視自己的內心，正視自己的情感模式，了解不安全感的來源或發生環境，並模擬練習解決方式，可能就能避免複製你所擔心的家暴狀況，營造一段理想的戀愛關係。

Q6 男／女朋友每次吵架就會說出很難聽的話，我該怎麼辦？

　　與伴侶吵架，時常是面對自我最脆弱、匱缺部分的情感展現，因此當伴侶總是在吵架時說出負面言語，有可能是伴侶的原生家庭環境在面對矛盾或衝突時也如此發洩情緒，又或者是伴侶無意識地在面對自己性格中的幽暗面。請等到雙方情緒稍緩，都能平心靜氣談話時，在兩人都感到安心的環境中，共同面對伴侶內心的真實聲音與需求，也告知伴侶你在雙方言語衝突中，因接收到負面話語所引發的情緒。

若兩人對關係的維持皆有共識，應能逐漸透過練習轉化衝突及解決問題。在練習過程可搭配前面介紹過由維納爾博士提出的測驗量表，藉由量測及討論，增進自我認知與互相理解。然而，若你不具備足夠的能量與伴侶一同覺察練習與量表討論，則宜找一位能傾聽你想法的摯友協助，甚至尋求專業心理諮商師建議。維繫一段良好關係，最關鍵的是要足夠理解自己並信任自己。

> 唯有雙方都能在關係中擁有獨立自我，
>
> 才會降低發生親密關係暴力的可能。

課堂活動範例

暖身活動

在奇幻愛情電影《暮光之城》（Twilight）系列中，吸血鬼男主角會半夜潛入女主角房間，靜靜凝視女主角熟睡，這個看似浪漫的情節若發生在自己身上，你會有什麼感覺？可以將同學適當分組、圍成小圈圈討論，再請各小組發表自己想法。

小組活動

活動 1	請別嘲笑我的愛：出櫃與否，與愛何干？
活動長度：15 分鐘討論，15 分鐘發表，共 30 分鐘	
分組人數：4 人／組	

Netflix 戲劇《戀愛修課》（Heartstopper）講述個性迥異的同性戀中學生查理，愛上了坐在他旁邊的橄欖球校隊隊員尼克。查理和尼克成為好友，一起摸索學校生活，兩人從曖昧進展到戀愛。查理是出櫃一年的男同志，尼克則尚未出櫃，每次查理因為尼克表現的偷偷摸摸而感到受傷時，尼克就會更進一步貶低查理，讓查理覺得只有尼克才可能愛他 [28]。

請同學們討論，假如你是這所高中裡唯一一位出櫃的學生，遇到尚未出櫃的伴侶，你該怎麼辦？

活動 2	數位性暴力守門員
活動長度：15 分鐘討論，15 分鐘發表，共 30 分鐘	
分組人數：4 人／組	

從韓國的 N 號房事件 [29]，到臺灣網紅小玉利用 AI Deepfake 換臉技術將色情片主角身體置換成名人的事件 [30]，我們不難發現，每當有色情內容在網路上流傳時，「求上車」、「老司機，載載我」的聲浪便此起彼落。請以下述情境思考要如何帶著朋友一起「下車」？將你的想法整理成一則約 300 字的訊息回應好友。

一天，你正和好友在通訊軟體上討論完期中報告，正值深夜時分，對方突然邀請你加入一個陌生的群組，告訴你「有好康的喔！」心中存疑的你，還是受到好奇心驅使點進去一窺究竟。加入才發現，群組共享素人私密影音，當中的匿名成員們陸續發布相關連結以及滿是煽動情緒的標題和留言。

課後練習

親密暴力遠比你想像的更無形地滲透在我們的生活中，唯有保持警醒，才能在遭遇親密暴力時做出最妥當的應變處理。活在資訊爆炸時代，那些來自 Dcard 感情版、Facebook 專頁上的靠北系列，成為現代人閒暇娛樂的談話資本，而閱讀社群平台上的他人家庭故事，也似乎是我們的部分日常。上完本堂課後，你若再聽到他人的情感或家庭故事，不妨運用這一堂課學習的親密暴力知識，去檢視這些故事透露了什麼樣的親密暴力。

﹕給老師的教學叮嚀

1. 不要小看自己的力量

雖然親密關係暴力會發生在異性戀伴侶或同性戀伴侶身上，但根據統計，親密暴力的受害者仍以女性居多，這個性別不平衡的發展現象，與性別化的角色規範息息相關。因此，若要減少親密暴力的發生，性別教育的普及與落實相當重要。社會學家亞倫・強森（Allan G. Johnson）在《性別打結》（*The Gender Knot*）中指出：與他人共同努力是參與社會改革最重要的一個原則；從提升意識到冒險行動，有伙伴支持我們的努力會有很大的不同[31]。也就是說，每一位老師、助教或任何陪伴者都可以成為對性別有所困惑，甚至在性別壓迫中感受痛苦的大學生的珍貴伙伴。請您不要妄自菲薄，我們每一個渺小而卑微的嘗試與努力，都可能是鬆動、擊破父權社會矛盾與衝突的關鍵之力。

2. 不要期待自己能看見成果

我們企圖鬆動、改變甚至翻轉的父權體制已經有好幾千年的歷史，因此在陪伴同學一同成長的過程，對不斷重複的性別議題、偏頗現象，難免產生「事情總是這樣，以後也會這樣」，甚至出現「沒有用啦」的無力感。我們必須要接受一個事實，那就是父權體系太過於龐大強勢，難以撼動，請放下自己一定要親眼目睹改變結果的想法；假如我們能放棄掌握一切事情的期望，就能更自在地行動並參與改變。打個比方，我們都知道想要維持身體健康並不是一朝一夕可以達到的，並不是只運動一天、均衡飲食一個月就能達到健康目標，然而只要持之以恆地努力，一定能從中看出些微變化或改善。面對性別教育也是這樣，只要我們共同

朝向一個可能出現的替代制度邁進，並選擇在適當的地方付出自身微薄力量，性別教育就能往更好的地方前進。

3. 持續閱讀

作為學生的陪伴者，要知道父權體制如何運作，並加以提醒、批判是相當重要的，然而從「要知道」到「要批評」，必須先有充足的閱讀。我們可以從女性研究的基本讀物看起，或從男性作者寫的有關父權、性別、男子氣概的作品開始，也非常建議閱讀女性作者所作的性別研究成果。有些刻板印象會以為女人寫的性別作品肯定相當厭男，其實並不然，不妨閱讀更多女性作者的性別研究書籍，從中找到自己的答案。

4. 審視自我

性別教育與討論是觸及個人如何認知自我的重要方式，當中可能涉及親密、私密的經驗討論或分享。因此，老師在帶領討論前，必須先具備審視自我的能力，包括試著練習檢視自己以及外在世界，看看能否驗證從書中得到的性別知識。如果在審視過程中，發現障礙或問題重重時，那麼我們必須了解，問題或許不在自己，而是出在我們所參與的體系，是這個僵化的體系才讓我們從性別議題審視自我時，充滿困難。在建立性別知識後，請思考及審視自我生命究竟在父權體制中出現了哪些妥協、扭曲還有受傷，進而試著將理解的重心放回到性別議題中，而不放在個人特質。經由反覆練習再帶領小組討論，就可以在分享老師個人較私密的經驗時，帶出更具普遍經驗的反思。

注釋

① 潘淑滿、楊榮宗、林津如（2012）。〈巢起巢落：女同志親密暴力、T 婆角色扮演與求助行為〉，《台灣社會研究季刊》，87，45-102。

② 潘淑滿（2007）。《親密暴力：多重身分與權力流動》。心理出版社。李姿佳、呂欣潔等（2012）。《衣櫃中的傷痕：同志伴侶親密暴力自助手冊》，頁 4。財團法人現代婦女教育基金會；社團法人臺灣同志諮詢熱線協會。

③ 張馨方譯（2021）。《親密關係暴力：以愛為名的虐待與傷害》，頁 33。馬可孛羅。（原書 Snyder, R. L. [2019]. No visible bruises: What we don't know about domestic violence can kill us. Bloomsbury Publishing.）

④ 沈佩瑤（2022 年 1 月 25 日）。〈林秉樞涉施暴高嘉瑜　檢方依 8 項罪嫌起訴〉，《中央通訊社》。取自 https://www.cna.com.tw/news/asoc/202201250338.aspx

⑤ Walker, L. E. (1979). The battered woman (pp. 56-70). Harper & Row.

⑥ 同註 3。

⑦ 同註 3。

⑧ 林雅容、林東龍、陳杏容、歐紫彤、潘淑滿（2016）。〈親密關係暴力：臺灣女性之受暴與求助經驗〉，《台灣社會工作學刊》，17，1-42。

⑨ 陳若璋（1992）。〈台灣婚姻暴力之本質、歷程與影響〉，《婦女與兩性期刊》，3，48-117。周月清（1994）。〈臺灣受虐婦女社會支持探討之研究〉，《婦女與兩性學刊》，5，69-108。潘淑滿（2004）。〈婚姻移民婦女、公民權與婚姻暴力〉，《社會政策與社會工作》，8(1)，85-132。

⑩ 潘淑滿（2003）。〈婚姻暴力的性別政治〉，《女學學誌》，15，195-253。

⑪ 李姿佳、呂欣潔等（2012）。《衣櫃中的傷痕：同志伴侶親密暴力自助手冊》，頁 5-7。財團法人現代婦女教育基金會；社團法人臺灣同志諮詢熱線協會。

⑫ 吳煒聲譯（2022）。《情緒操控：揭開最惡質的煤氣燈效應，拯救自己並重建正常關係的療癒 7 步驟，脫離欺騙、貶低、洗腦的有毒關係》，序言。境好。（原書 Vinall, D. [2021]. Break free from gaslighting: A step-bystep recovery guide to heal from emotional abuse and build healthy relationships. Rockridge Press.）

⑬ 同註 12。

⑭ 同註 12，第一章，3/14 頁。

⑮ 同註 3。

⑯ 同註 12。

⑰ 同註 3。

⑱ 同註 3。

⑲ Manne, K. A. (2017). Down girl: The logic of misogyny. Oxford University Press.

⑳ 巫靜文譯（2021）。《厭女的資格：父權體制如何形塑出理所當然的不正義？》。麥田。（原書 Manne, K. A. [2020]. Entitled: How male privilege hurts women. Crown Publishing.）

㉑ 黃鐘山、歐素美（2019 年 12 月 29 日）。〈郭台銘失言楊瓊瓔續「厭女」洪慈庸：莫名其妙〉，《自由時報》。取自 https://news.ltn.com.tw/news/politics/paper/1342287。

㉒ 蘋果新聞網（2018 年 10 月 20 日）。〈聊美學也能失言？柯 P：有些台女不化妝上街嚇人〉，《蘋果新聞網》。取自 https://www.youtube.com/watch?v=zOAxmefg30E

㉓ 行政院性別平等處（2021 年 2 月 3 日）。〈數位／網路性別暴力之定義、類型及其內涵説明〉。行政院性別平等會。取自 https://gec.ey.gov.tw/Page/ED8994F4EF5AD73E/2ab74b7e-0bdb-4067-b43a-4a3cfc9e2a1e

㉔ 現代婦女基金會（2017 年 8 月 30 日）。〈每 8 位年輕女性就有 1 位曾遭遇跟蹤騷擾，現代婦女於農曆七月發起「跟騷拜拜月」！〉。現代婦女基金會。取自 https://www.38.org.tw/news_detail.asp?mem_auto=266&p_kind=%E7%8F%BE%E4%BB%A3%E6%B6%88%E6%81%AF&p_kind2=%E5%AA%92%E9%AB%94%E5%A0%B1%E5%B0%8E&p_kind3=%E7%84%A1

㉕ 李奇紘（2021）。〈男同志的網路交友文化及其潛在的數位性暴力〉，《性別平等教育季刊》，93，31-37。

㉖ 侯俐安（2022 年 5 月 26 日）。〈跟騷法 6 月 1 日上路！八大樣態最重關 5 年、重罰 50 萬〉，《聯合新聞網》。取自 https://udn.com/news/story/7321/6342254。

㉗ 張凱強（2016）。〈論復仇式色情這當代厭女文化下的網路獵巫行動〉，《婦研縱橫》，105，16-21。

㉘ Allie Hsieh（2022 年 5 月 3 日）。〈Netflix 英國 BL 劇《戀愛修課》爛番茄拿下 100％新鮮度！超灑糖「男男校園戀愛」，讓人看到快休克！〉，《Cosmopolitan》。取自 https://www.cosmopolitan.com/tw/entertainment/movies/g39886842/netflixbl100/

㉙ 換日線全球讀書會（2021 年 7 月 16 日）。〈韓國史上最大宗的網路性犯罪「N 號房事件」，揭發者與報案人竟是大學生！〉，《換日線 CROSSING》。取自 https://crossing.cw.com.tw/article/15054

㉚ 蔣宜婷、陳昌遠、陳虹瑾等（2021 年 5 月 6 日）。〈臉被偷走之後：無法可管的數位性暴力 台灣 Deep fake 事件獨家調查〉，《鏡週刊》。取自 https://www.mirrormedia.mg/projects/deepfaketaiwan/

㉛ 成令方、王秀雲、游美惠、邱大昕、吳嘉苓譯（2008）。《性別打結：拆除父權違建》。群學。（原書 Johnson, A. G. [2005]. The gender knot: Unraveling our patriarchal legacy. Temple University Press.）

愛情必修學分
Z 世代的情感和性別關鍵字

性別刻板印象　　性別角色多樣性　　多元性別　　性別光譜　　性別友善

第六課

「性／別」
非典型的情感樣態和親密關係

課程重點

1. 現代社會中的「性／別」
2. 從性／別光譜來認識性／別角色的多樣性
3. 性／別位置的刻板印象、汙名與歧視
4. 以性／別腳本來開展非典型的情感樣態和親密關係
5. 掌握性／別正義的重要性

授課老師───蔡孟哲

國立清華大學中文系博士。曾任國立陽明交通大學亞際文化研究國際碩士學位學程專案助理教授，研究專長為同志文學、性／別研究及酷兒理論。

「我女朋友是今年畢業的應屆大學生，月薪不到 3 萬塊還覺得很夠，怎麼才 20 幾歲就有這種安逸的心態……」一位男性在匿名社群網站貼出此文，網友留言：「如果性別對調，一堆人早就說沒上心，要分手了。」

　　在理解性／別時，我們通常會先將它分為 sex、gender、sexuality 三個區塊來認識。「sex」在 1380 年出現在英語中，拉丁字源為 sexus，16、17 世紀的 sex 代表兩性區分或男女性器官，到了 20 世紀，sex 則具有生理性或者性行為的意涵，而在當代通常被翻譯為「生理性別」，主要以外生殖器解剖學認定的生物性，來判斷生理上的男性或女性。「gender」在 14

世紀的古法語中，是指陰陽中性，1950 年代後指女性或男性，在當代通常被翻譯為「社會性別」，指氣質上的陽剛或陰柔，是生物、心理與社會共構下的男女角色。

而「sexuality」在 18 世紀末代表性徵、性行為，當代對 sexuality 這個詞沒有固定翻譯，有時被譯為性、性意識，目前臺灣較常採用的翻譯是「性向」、「性取向」、「性心理」，經常被理解為同性戀、異性戀、雙性戀與跨性別的區分。sexuality 是性別與性相乘之後的角色與行為，也代表受吸引、欲望對象的性表現，其本身在英語中就有多種涵義，在中文翻譯中也會因情境不同而出現不同指涉，例如當它作為性傾向時，可以用來解釋生理性別（sex）相同的兩人擁有不同的性傾向（sexuality）。

簡略地說，跨性別包含兩大類：扮裝者（cross dresser）與變性者（transsexual），兩者的內涵不盡相同。主流性別文化對男女生的外貌裝扮、行為表現以及性格特質，有許多二分的預設，像是認為男女生應該如何表現、喜好應該有何差異。其實，北美洲原住民族也有第三種性別的雙靈人（two spirits）berdache，如爪哇社會的 banci、菲律賓的 bakla、泰國的 kathoey 等跨越性別二分的傳統名稱。在人類社會裡，性別表現其實是豐富、多元的。

將「性／別」視為流動的光譜

通常，我們對「性別」（gender）的直覺理解是透過生理性別（sex）所代表的男女兩性區分，而「性／別」當中「斜線」的出現將「性」與「別」分開，反映出當代性別論述提供我們更多理解性別的方式，讓我們能開始將性別視為一道流動的光譜，而不是將兩個對立的性別理想定型。如同美國性別研究學者朱迪斯・巴特勒（Judith Butler）所說：「性別不可能為真或假，只是被製造為原初而穩定身分論述的真實效果」[1]。從「性別」到「性／別」，包含了近 30 年來女性主義與社會運動在臺灣的重要意義：

性別並非完全簡單的男女兩性分野，還有其他許多可能，「性／別」是「性＋性別」；中間斜線表達內外部的多元差異，強調的是性、性別與其他社會差異的相互關聯或交織[2]。內部差異指的是「性中有別、性別中亦有別」，例如我們已經瞭解除了女、男兩性之外，還有跨性別，除了女、男同性戀之外，還有雙性戀、無性戀等等。外部差異指的是階級、種族、族群、世代、身心障礙等面向的差異，例如女同性戀族群中包含工人、黑人、原住民、老人等，反之亦然，老人也會有同性戀、跨性別、原住民等等。

性／別光譜及性／別角色的多樣性

　　性／別光譜是當今性教育相當重要的基礎知識，指的是性／別的程度變化，主張人的性別具有多種層次和選擇。在性／別光譜中的各種排列組合，都有可能會在我們的生活中出現，只是如果我們沒有打開性／別之眼、看見各種差異的話，可能就容易忽略身邊這些形形色色的性／別樣態。「性／別」認同是個人對自我歸屬性別的自我認知，不以生理性別作為唯一界定，而是以個人主觀認定自己是何種性別[3]。圖1在「屬性」一欄中的「光譜地帶」就是性／別光譜能提供的選擇範圍。

在性／別光譜中，針對性少數的性傾向描述主要常見的
有：L.G.B.T.Q.I.A.P，通常又以 LGBTQ+ 為較常見的指稱方
式。L 是 lesbian（女同性戀者），指的是生理性別女性受女性
的身體、愛情或情感吸引。G 是 gay（男同性戀者），指的是
生理性別男性受男性的身體、愛情或情感吸引。B 是 bisexual
（雙性戀者），指的是會受到生理性別男性或女性的身體、愛
情或情感吸引。T 是 transgender（跨性別者），又用來描述廣
泛的性別認同，包括變性、異裝者、被確認為第三性別或其他

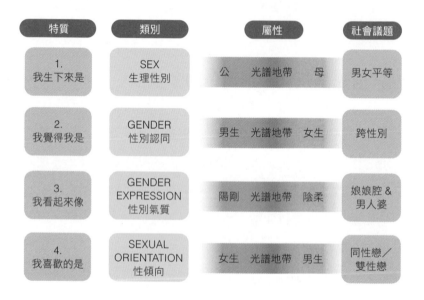

圖 1、性／別光譜示意圖
來源：台灣同志諮詢熱線協會網站

非二元稱謂的人，以及外貌及特徵被視為非典型性別者。Q 是 queer 或 question（酷兒或疑性戀者），指的是對自己的性傾向感到困惑、不確定、有所流動或拒絕傳統二分法的族群。

在現代社會中，已然成型的性別秩序都看似合情合理、自然而然，例如我們會說：保「姆」、農「夫」；渣「男」、綠茶「婊」；大年初二出嫁女兒「回娘家」；「男」大當婚、「女」大當嫁；「男兒」有淚不輕彈等等，而我們多半不假思索地使用這些詞彙觀念。但希望經過前面的介紹，爾後在討論性別議題時，就可以使用性／別光譜圖表，幫助我們打破既有二元性別的觀點，開展原本被「自然化」與「兩極化」的男、女生殖差異和性別認同。

然而，澳洲雪梨大學的跨性別學者蕾恩・柯挪（Raewyn Connell）以跨性別社群關於性別重置手術（變性）的辯論提醒我們，對某些人來說，有時候性別位置未必真如光譜般能夠自由滑動，甚至是缺乏流動性與不穩定性的狀況，更像是一團熔化在一起的岩漿那樣[4]。要辨識一個人的生理性別遠比我們想的還複雜，而且沒有所謂絕對的指標，從人體的染色體組合、荷爾蒙、生殖腺、生殖器官、生殖性徵到相關器官等面向，判認的指標是坐落在這一連串生理元素組合的某一點上，而不一定都是相互一致，也就是說，所謂兩性的生物學區分或

生理界線，其實是模糊不清的。又比如，越來越多的跨性別者選擇以「出櫃」的方式來爭取相關權益，而非單純採取特定性別身分來矇混通關，也不是每個人都想直接改變自己的性別角色，而是保持生理性別但強調自身的跨性別認同，來抗議與挑戰現有社會區分男女二元性別分類的壓迫體系。⑤

因此，與其把性／別光譜視為是流動的、多元的，或許我們也可以說性／別是難以妥協的，甚至是各自體認與表述的，如果只有理解性／別角色所謂的「多元豐富」，還是有可能忽略每個人實際生命經驗中的模糊、曖昧、矛盾、轉換及變動過程。人生其實挺複雜的，性／別光譜幫助我們打開性別二分的

愛情必修學分
Z世代的情感和性別關鍵字

想像，可是我們仍需進而學習與理解，那些影響性／別樣態的更廣大或不易撼動的因素。

性／別位置、刻板印象與歧視

性／別不僅是一種將生理與身體差異納入社會過程的實踐，也形成了社會關係的結構，指引或支配我們日常生活的行動，更受到各地歷史、文化、政治、經濟等因素的影響。性／別鑲嵌在歷史、文化脈絡之中，也跟社會生活的其他面向交互作用，例如儒家傳統的男尊女卑，或者伊斯蘭社會婚姻觀允許一夫多妻，而現代社會則強調性／別平等與正義。

每個人都有不同的身體特徵、成長環境、興趣嗜好、專長領域，我們的階級出身也各不相同，或身處不同的社會文化之中，這些差異一方面構成了我們「是誰」（identity），另一方面也成就我們的「位置」（positionality）——每個人有著不同的位置。我們在日常生活中展現與打造自己的性別特質（例如陽剛或陰柔），並在社會的性別秩序中找到自己的位置，或者嘗試回應外在社會所給予我們的位置。若自己的行為表現與他人刻板印象中的性別樣貌不同（即性／別不馴），則可能遭遇霸凌。

一般來說，性別角色與分工是在看似自然而然的日常安排與生活關係裡逐漸形成，也就是經由所謂「社會化」的性別學習過程，然而這個過程也是我們持續跟社會的性別秩序相互協商與溝通而體現的軌跡，不只是單純的接受改變與被動的學習而已[6]。當我們在尋找、協商與調整性／別位置時，可以採取互動定位（interactive positioning）與反身定位（reflexive positioning）來協助思考，也就是透過與他人的對話互動，我們才有機會發現自己特定的立場和價值觀，打造出特定的身分認同與性／別位置[7]。例如，一個想要穿女裝上學的男孩，即便父母家人都支持他展現自己的性別特質，但他仍需要面對師長與同儕的眼光和反應，需要用各種可能的方式讓大家理解他採取的性／別位置。

　　每個人的性／別位置既受到宏觀的結構與制度層面影響，又和日常生活中的互動有關。比如說，刻板印象包含正面、負面或中性的觀點，正面的如原住民擅長唱歌和運動，中性的像是個子高的男生一定會打籃球，負面的則有汙名與歧視，例如女性勞工經常受到同工不同酬的待遇。

　　所謂的歧視，不只是有人會受到差別待遇，也包括有人因此獲得特權、享受優勢，換句話說，歧視是刻板印象加上行使偏見的權力[8]。有些人經常神經大條而忽略或太慢注意到汙名

與歧視的狀況，或者是因為自身的特權與優勢的地位而無法理解或根本意識不到，這種「忽略」或「不明白」有時候就代表著「歧視」。也就是說，某些人因為自身的性／別位置和其附帶的特權，而以忽略或不明白來作為歧視的託辭和藉口，像有些保守宗教人士會說男同性戀容易感染愛滋病毒，這種說法一方面持續生產人們對於同性戀的刻板印象，另一方面同時運作恐懼同性戀與愛滋汙名的雙重歧視。

性／別位置的概念讓我們更了解刻板印象的運作有時是多重壓迫的展現，如掌握權力或享有權利的強勢群體，經常會輕易或不自覺地將負面的刻板印象強加在和自己不一樣的人身上，使得這些所謂的「非我族類」成為「變態」，藉此強化自身特質、行為和價值觀的正當性[9]。舉例來說，當社會大眾看到女同志和原住民時，分別會產生什麼樣的刻板印象？前者是男人婆、厭男？後者是貧窮、低教育？漢人或許不會關注原住民自治運動，而原住民或許無法瞭解女同志的生存處境。而原住民女同志更可能置身在「漢人＋父權＋異性戀」的多重壓迫與宰制關係之中，除了遭遇女性可能的汙名與歧視，還必須面對多元異質的性／別體制。由此可知，性／別所蘊含的差異，交織每個人的職業、出身背景、階級、年紀與種族等結構因素，我們身為這個結構的一分子，或許可以想想，跨國的女同志移工又會承受什麼樣的汙名和歧視？[10]

改寫性／別腳本與親密關係的多樣性

　　性／別的社會化過程要面對既存的性別權力與性別秩序運作，也和常識、成見、習俗或各種文化規範的相互磨合。像是在涉及年齡世代的「跨代戀」、涉及制度權力的「師生戀」、涉及家庭教養的「媽寶」、涉及情欲嗜好的「BDSM」（愉虐戀）等不符合文化常規的例子中，一旦某人做出越界或不馴之舉，都可能面臨到各種層面的禁制、懲罰或規範，從眼光蔑視、言語辱罵、肢體霸凌，到同儕排擠、校規辦理、司法審判等。相反地，如果「循規蹈矩」的話，就容易獲得正向增強。

　　很多時候，那些看來屹立不搖的社會信念與文化成見，並不全然是因為它們在邏輯理性上站得住腳，而是因為它們勾連很多生命經驗和情感，不容易被改變[11]。也就是說，面對性／別討論中所謂的常識、成見、習俗或各種規範，我們不僅需要「說之以理」，更要思考如何「動之以情」。

　　那麼，我們該如何與他人溝通、如何尊重互有差異的性／別樣貌呢？從「做性別」（doing gender）的理論立場看來，性別既非源自個人的屬性，也不是「角色」概念就能說明的，而是每個人在日常生活中反覆例行的實現與成就。在這個過程中，我們學習與性別相關的技巧與知識，並在這些文化傳承和

社會規範影響下，與他人互動[12]。簡單來說，性／別並非天生自然，而是與外在世界、環境互動而做出來、實踐出來的；社會也是充滿矛盾與複雜的情境，不是穩固不變，而是不斷轉變的，也因此我們需要透過改寫性／別腳本（sexual and gender script）來介入現有的文化規範。

簡單來說，性／別腳本類似於戲劇或電影的劇本，這個腳本決定扮演某種角色的人們在特定時間和地點應該做什麼、怎麼做。傳統的性／別腳本多半強調男性要競爭、要獲勝，因此男性經常不容許自己落敗，更不可能暴露自身弱點，而男性之間的陽剛特質也會出現階序層級的區分，並且伴隨學科、職業或職位而有所關聯，我們可以想想，男大生如果不讀理工科、當工程師，而想當托嬰員或護士的情況。或者，我們會看見大眾媒體經常呈現某種浪漫愛的性腳本：在親密關係當中，男性傾向性愛分離，女性則期待雙方相愛才能發生性關係[13]。

如同女性主義學者艾德麗安・芮區（Adrienne Rich）提出「強制異性戀」（compulsory heterosexuality）的概念，分析無時無刻存在並影響、形塑著人們行為舉止、情感欲望、身分認同、生活經驗與制度設施等面向的壓迫力道，這種力道不僅規範性／別關係，還影響親密關係中勞務與資源的分配，並在這個過程邊緣化其他的性／別樣態，進而視其為偏差或不正

常，掩蓋甚至削減了親密關係的多樣性。

　　父權體制造成現今常見的性／別刻板印象與不平等情況，當中的男尊女卑概念，不僅剝削女性也壓迫男性，進而導致出現貶低女性、厭女，甚至暴力行為，而男性則被期待要收起脆弱的一面。「有毒的男子氣概」（toxic masculinity）指的就是在特定的性／別腳本之下，男性以扭曲且暴力的方式表達個人特質或情緒[14]。再者，仍有同志青少年受制於學校或家庭帶著異性戀思維或父權框架的性／別腳本，走上自殺一途或被迫逃家，過著自我懷疑、掙扎求生的日子。

　愛情必修學分
　　Z世代的情感和性別關鍵字

「性／別平等」是我們觀察日常生活與社會制度所設定的衡量標準，判斷這些制度安排對每個人來說是不是都公平，而「性／別正義」則是我們要努力讓目前還沒有達到性／別平等的社會制度邁向公平的價值和理念。當我們在思考如何追求性／別正義的時候，也不妨回顧該個社會與過去的殖民歷史、多種族群與地緣政治的情況，包括族裔、階級與性／別議題的關係[15]。不可諱言的是，非典型或非常軌的性／別生命，要面對許多儀典規矩、制度條例、風俗民情、秩序安排等，經常是顛簸難行的。舉例來說，我們常無意識地將父母「去性化」，也「無性化」地看待老人長輩，老年人的性似乎較少被正面注意，即便有所討論，也仍侷限於異性戀婚姻的框架，這樣的思維限制也包括如何看待身心障礙族群的性，而對於這些議題的討論，都是社會在邁向性／別正義時必須思考的一環。

關於愛情，同學想知道

Q1 我是生理男性，但因為我的性／別外觀表現或行為舉止比較陰柔而遇到霸凌，我該怎麼辦？

建議同學們先尋求身邊好朋友與老師的協助，或者是找學校諮商輔導中心幫忙。當然，這不是一個在個人層次就能解決的問題，而是需要在制度層面一同改善的難題。國家、政府與相關機構要建立全方面的支持策略：包括性／別課程與訓練、諮商輔導教師、友善與支持的組織等等，這些制度措施的對象需要擴及如學校等機構的所有人員。我們以校園裡的同志學生為例來看，校長、所有教職員生和家長都要共同參與性／別相關課程，積極推動教育訓練、家長互動關懷，以及連結民間組織資源，而不只是消極的政令宣導而已。尤其重要的是，學校要有直接提供協助的機制和單位，讓學生甚至是相關陪伴者都能夠容易接觸、願意信任，才會主動去尋求幫助。

Q2 我是生理男性，當我遇到挫敗時流露出脆弱，就被其他人認為是懦弱、娘娘腔、沒擔當，我該如何面對？

請嘗試理解霸權陽剛特質（hegemonic masculinity）和強制異性戀的文化，如何造成我們性／別觀念的偏誤，也試著在情緒和情感層面摸索這些概念如何影響自己看待成功和挫折的感受。

我們可以練習嘗試改變自身位置,去體會面對和處理挫折的不同方法,例如利用本書各堂課中設計的活動,推動、觀察與紀錄自身性別意識的轉變,進而體會並理解,展現脆弱不必然連結到娘娘腔等特質,它只是傳達出不同的性別氣質或情感表達模式,「男兒有淚不輕彈」這句俗諺是需要被挑戰的。另外,也可以和朋友家人一起閱聽與討論不同的性/別腳本,像是文學和影視作品如《花甲男孩轉大人》或《阿莉芙》,分享彼此的觀感和想法,學習每個人思考及處理挫折和失敗的方式,打開各種可能性。

Q3 當我們對抗他人暴力(心理或生理)或想捍衛自身權益時,選擇動用暴力來以暴制暴,是不是複製了霸權陽剛特質或父權體制的行徑?

研究指出,沿襲他人的霸權陽剛特質,是導致當前世界戰爭與各式暴力事件的濫觴。過往男性透過對軍事、政治、女性(或其他男性)與性的支配,使自己在社會上被期待要擁有行使支配的權力,而父權體制便是建立在這種權力運作的邏輯之上。這也是為什麼當我們面對他人侵入自己設定的安全界線內時,下意識地會認為要展現霸權陽剛特質才能反制暴力,卻沒有意識到「非暴力的解決途徑始終存在」。

我們必須理解,霸權陽剛特質作為社會主流特質,從來都不是專屬於特定性別的,其中包含了多種討論面向,例如,陽剛特質也分為獨立自主的正面特質,以及控制、占有、侵略等較為負面的特質。因而,防治校園霸凌等暴力事件,除了在教育體制和

社會系統設置相關防止霸凌的機制之外，還需要每個人學習與反思自身負面的陽剛特質，才能營造一個友善且包容的環境。

Q4 我很尊重女性，也很尊重同性戀，但有時候只是跟同學們開玩笑、鬧著玩，就被「她／他們」抓住語病，說我們是性／別歧視。我們該怎麼跟這些人相處？

這要視當時的互動氛圍而定，有時候身處優勢位置的人未必能意識到自己享有的特權，不經意地忽略性／別弱勢或邊緣族群的處境確實是受歧視的一群。而當感到被冒犯的人說出自身感受和想法時，反而是一個理解和溝通的好機會，可以藉此詢問對方「希望自己如何表達」，找出彼此都能接受的相處方式。

Q5 我是異性戀，支持性別友善，但我不太清楚如何稱呼跨性別者或同性戀伴侶，擔心會冒犯到不同性別認同或性傾向的朋友。我要如何應對，才不會顯得過於謹慎而破壞相處氣氛呢？

每位跨性別者或每對同性戀伴侶對於自己的性別認同都不一樣，與其向同性戀或跨性別友人問出「你是當男還是當女？」這種服膺於異性戀文化中的二元對立性別問題，不妨直接請教他／她們希望被如何稱呼。當一群朋友在討論性別議題時，若不確定自己的發言是否會冒犯到不同性傾向或性別認同的朋友，也許能在一開始就說明自己的性別盲點，如果言談中有引起朋友的任何

不悅或不舒服，請他們直接告訴你，你也能藉此拓展性別常識。

Q6 怎麼知道我不是異性戀？怎麼接受這樣的自己？

基本上，只要你不排斥與相對性別以外或者其他性傾向的人發生情感或性愛關係，那麼就有可能不是異性戀。如果你已經可以察覺自己不是異性戀，那麼就是發現了自己的性取向。通常會有這樣的發現，大部分情況是你可能對某個特定對象感興趣，而這個對特定對象的情感不符合異性戀思維框架。因為不符合異性戀思維框架，因此當你發現自己與主流社會價值不同時，可能會擔心自己受到他人的偏見、歧視或壓力。

事實上，我們無法完全決定對什麼樣的人感興趣，也就是說，性向雖然可以由自己認定，卻無法完全由自己選擇。因此，請先肯定自己「對自己的了解又更深了」，而這樣的探索是值得愉悅的；也要相信自己與其他個體的存在是同等且獨一無二的，沒有人有權力決定他人的生活方式，無論他／她的性／別是什麼，每個人都可以朝著自己的人生目標、夢想努力，並了解自己的價值何在。

Q7 雙性戀認同者一定要跟兩種性別的人都交往過嗎？

雙性戀的性別認同不一定要和兩種性別的人都有實際交往經驗，假如一位生理女性，至今都是與生理男性交往，是所謂異性戀的伴侶關係；但假如這位生理女性並不排斥與其他性別的人產

生情感或性慾，那麼也能是具有雙性戀認同者。性別認同或性傾向可以是流動的，它會因你的情感狀態而產生變化。比如一位生理女性 A，一直都是與生理女性交往，那麼可能在這樣的情感關係中是女同志伴侶，但是當情感關係或個人選擇產生變化，也許有可能會進入異性戀伴侶關係，那麼 A 的性別認同就會產生變化。但是無論是哪一種性別認同或性傾向，只要個人認定即可，不需要為了他人的要求或期待，而強迫自己在某些時刻或人生階段形成某一種性別認同。無論是哪一種認同或性傾向，希望都是每個人自己最舒適、自在的方式。

Q8 如果我想打扮成與自己不同性別的樣子，就代表我是同性戀或跨性別嗎？

「不同性別」這個說法可能是男性或女性，對吧？其實，性別是相當多元的，你想說的是「我想打扮成與自己生理性別的社會期待不同的樣子」，對嗎？ 假如你想這麼做，有何不可呢？每個人都有權力對自己的身體做任何讓自己感覺舒服的事情。也就是說，你認為不同性別的樣子，其實是主流社會文化論述打造出來的框架，用意在於便於管理。

假如你想打扮成「不同的樣子」，也不一定代表示你是同性戀或跨性別。同性戀是指你會受到與你生理性別相同的人吸引，而跨性別則是指生理可能有（或沒有）經歷性徵轉換，且生理性別可能與個人的性別認同不同，假如不符合這兩種情況，但仍想打扮成與生理性別的社會期待不同的樣子，也許是有變裝的興趣。變裝興趣就像一般興趣一樣，比如有人喜歡釣魚、有人喜歡跳舞、有人喜歡走路唱歌，都是一種讓擁有該興趣的人做起來會感覺舒適、美好的事情，不需要感到丟臉或必須諱言。

Q9 我發現爸爸（或媽媽）是同性戀，是不是代表他們不相愛？我要怎麼面對這樣的親子關係？

性別教育是經過社會整體長年努力的成果，在你的父母成長過程中，也許社會相對保守，強調性別分工，也塑造出傳統且刻板的父母形象。為了符合社會期待，父親的形象常常是理智而嚴肅的，但與家庭疏離感較高，遇到困難，習慣壓抑、不擅向外求助，而母親則被賦予必須辛勤照護家庭的形象。

過往保守、傳統的社會已經習慣用鄙視跟消極的眼光對待不同的人，同性戀爸爸或媽媽長期承受這樣的壓力，是相當辛苦的，然而即便如此，他們依舊盡心盡力愛護著你，這與他們是否是同性戀無關。父母作為至親，給你毫無保留的愛，即使他們是同性戀，也不能代表他們不相愛。或許他們彼此早就默默明白？又或者直到現在才發現？

每個人、每個家庭都是獨一無二的，請試著找出最適合你家庭的溝通方式，當你發現爸爸或媽媽是同性戀時，代表他們可能曾經陷入徬徨、無法與人言的衣櫃中，希望你能帶領你的父母一起談談困惑與掙扎，試著理解他們。假如你願意的話，也請讓他們清楚知道，無論他們的親密關係如何，都不影響你對他們的愛，將能給父母相當珍貴而有力的勇氣。

> 性／別光譜幫助我們打開性別二分的想像，可是我們仍需進而學習與理解，那些影響性／別樣態的更廣大或不易撼動的因素。

課堂活動範例

暖身活動

先拋出以下問題，跟同學討論他們的看法，像是「男演員扮演跨性別女性的角色時，要報名女主角或男主角獎？」[16]「為什麼有些比賽會區分女性與男性？例如金馬獎、金曲獎，包括體育賽事，但有些又不會區分？」接著可以主動分享你自身青春期成長階段的身體發育與性別氣質焦慮經驗：例如月經或夢遺、喉結或變聲、乳房太小或太大、發體毛或還沒有、長不高或太高、青春痘或減肥等等與性徵相關的生理經驗，以激起同學的回饋，並與同學討論這些身體性徵所連結的性別氣質，還有相關特質所引發的焦慮經驗，提問：「為什麼我們會有這些焦慮經驗？」「為什麼沒有焦慮過？」最後，進一步延伸以下問題，作為整堂課程的指引，從學生最在意的身體形貌出發，認識差異與刻板印象、汙名歧視的相互交纏。

- 你有聽過或講過娘砲、甲鬼甲怪、綠茶婊？這些用語的意思是什麼？
- 為什麼好像陰柔男生或陽剛女生比較容易被嘲笑或欺負？
- 你的成長經驗中有發生或看過類似的事嗎？
- 我們如何面對他人的生命經驗？這個社會設置什麼樣的制度或方式來處理這些生命經驗？

小組活動

活動 1	擬人化大學

活動長度：約 15 至 20 分鐘
分組人數：可不分組

邀請同學瀏覽以臺灣幾所大學為主題的《五年五百億》桌遊[17]。請同學挑選桌遊中提到的特質，跟大家分享自己的感想，同時引導學生進一步討論性／別刻板印象、偏見與汙名。

藉由此款桌遊，帶領學生討論擬人化預設的性別二元框架與隱含的性別二分樣貌。比如，當北護、臺藝和政大等學校被模擬成女孩，這樣的圖像再現不僅強化社會對於女性等於人文、不適合理工科的觀點，學校的男性教職員生也因此沒有被如實呈現，甚至其他性別群體也隱沒在這些桌遊的角色設定中。

另外，清大是計畫男，而交大是工科男的擬人化呈現，也值得討論，他們的身體特徵和服裝樣式又表達出什麼樣的性別意義？以及社會對於理工男的想像是什麼？可引導同學做進一步討論與發揮。在這個活動中，同學能夠試著辨識性／別刻板印象，檢視是否經常不自覺地運用刻板印象來表達或傳達資訊。

- 你覺得為什麼這些學校被擬人化成這些角色？並且會用特定性別來繪製這些類型？
- 你看到哪些性別特質？跟身體展現有關的有哪些？
- 如果你來做擬人化，你會怎麼畫呢？請詳細描述並舉例說明。

活動 2	擁抱玫瑰少年
活動長度：約 25 至 30 分鐘	
分組人數：3 至 5 人／組	

邀請學生觀賞《不一樣又怎樣》紀錄短片[18]，兩支短片各約 6 分鐘。葉永鋕事件的相關資料可參考《擁抱玫瑰少年》[19]，跨性別的相關資料可參考臺北市性別平等辦公室「跨性別」網站[20]。

透過葉永鋕的故事，反思即便男性通常是性別秩序及不平等結構中的受益人，但仍有被視為偏離主流陽剛男性特質的同性戀或性別氣質陰柔的男性，成為被辱罵嘲諷、甚至暴力相向的對象。而藉由曾愷芯的影片可以探索更為複雜的跨性別議題，從中討論身體的裝扮是一種展現性別特質的方式，並引導同學思考：順性別者也會面臨不同風險，如男性同儕間展現陽剛氣質而被鼓勵飆車試膽，或是女性過於在意身體形象而引起厭食症等等；甚至是霸凌行為透過不同年代、族群、地區與顛覆媒體所呈現的性別文化。請同學看過兩支短片後，每組推舉一人分享小組討論：

- 對哪一段影片內容印象最深？
- 認為這兩部影片試圖告訴我們什麼？影片主角為什麼不被家人、學校與社會所接納？
- 社會上還有哪些類似的真實事件？你的想法是？為什麼？
- 如果你有同學的特質像影片主角，你會怎麼跟他／她相處？
- 自己有沒有因為哪些行為舉止，被別人嘲笑不是男生或女生的經驗與感受？

活動 3	原住民校友回娘家
活動長度：約 15 至 20 分鐘	
分組建議：可不分組	

臺灣歷經日治時期的原化政策與國民政府的漢化措施，習慣將漢人習俗和稱呼套用在原住民傳統親族關係上，而忽略原住民有其自身文化特性。「回娘家」一詞對於原住民來說，恐怕既是漢語思維，也是父權觀點，像排灣族是雙性社會，依據傳統，嫁出去後無論男女，回到本家都視為禁忌，會招惹議論與批評，因此「回娘家」是禁忌。而阿美族是母系社會，在日治時的戶口登記以女性為戶長，若被女方休夫，就從女方家改回本家的姓，而母舅（*faki*）在本家地位很高，即便「嫁出去」，在遇到重要決策或傳統祭儀時，不論再遠都會請他回到本家，因此在阿美族，是嫁出去的男人「回娘家」。

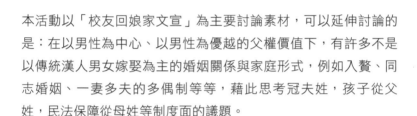

校慶演講活動
原住民校友回娘家

我們邀請原住民畢業校友回母校跟同學們
分享當年的校園生活點滴，以及畢業之後
的職涯發展，歡迎大家蒞臨聽講。

本活動以「校友回娘家文宣」為主要討論素材，可以延伸討論的是：在以男性為中心、以男性為優越的父權價值下，有許多不是以傳統漢人男女嫁娶為主的婚姻關係與家庭形式，例如入贅、同志婚姻、一妻多夫的多偶制等等，藉此思考冠夫姓，孩子從父姓，民法保障從母姓等制度面的議題。

我們可以透過活動相關文宣來討論和性／別相關的傳統習俗與文化，並特別留意性別與種族、族群之間的相互關聯，而不是只看到性別或種族單一議題。

- 「回娘家」對女性的意義是什麼？
- 這份文宣採用「校友回娘家」是什麼意思呢？原住民族也適合這種說法嗎？他們的「回娘家」有不同的意義嗎？
- 原住民女性面對族群與性別兩種身分認同的衝突時該如何自處？
- 如何運用「交織性」[21] 來討論原住民女性、同志與跨性別者的處境？

- 觀察並紀錄不同於既有一夫一妻和核心家庭形式的親密關係實踐，嘗試描繪出這些親密關係樣態和主流模式之間的差異，以及這些親密關係裡不同角色、位置的經驗和感受。

- 練習創作一個與性／別議題有關的故事，嘗試在熟悉的性／別腳本之外創造不同型態的親密關係與不同性格的人物角色。

- 閱讀臺灣原住民女作家 Liglave A-wu 的作品〈誰來穿我織的美麗衣裳〉、〈想離婚的耳朵〉等散文[22]，她用文學創作反思原住民傳統文化的失落與繼傳，嘗試討論原住民女性面對現代文化衝突下的問題：誰來穿我織的美麗衣裳？如何做一個「排灣族女人」與「泰雅族媳婦」？如何在排灣母系與泰雅父系文化間找到平衡？

：給老師的教學叮嚀

1. 反身經驗

請老師或課程帶領者先回顧自身生命經驗，並探問：「如何面對不同經驗時，內心的不舒服感？」「如何看見自己的情感結構？」理解各種不同型態的生命是一種要預先打破內在框架的動作，看見生命樣態的差異，導向共存、尊重、包容的心態，並打開及提供同學想像的可能與實踐的空間。

2. 多重因素

提醒同學「性／別」所包含的差異與多樣性，不是只談女／男同志、雙性戀、跨性別與酷兒（LGBTQ+）等類型的分別，而是理解構成這些差異與多樣性存在的政經結構和文化制度等因素，進而協助同學體認在所謂漢人父權異性戀資本主義社會中，性／別弱勢或邊緣族群的生命處境。

3. 勇於想像

情感和欲望需要去摸索或探索，親密關係的型態需要去創造或想像。在課程活動進行時，要鼓勵並引導同學嘗試去探索自身的情感、理解內在的欲望，並且能夠勇敢創造和想像不同的性／別腳本。

注釋

① 林郁庭譯（2008）。《性／別惑亂：女性主義與身份顛覆》。桂冠。（原書 Butler, J. [1999]. Gender trouble: Feminism and the subversion of identity. Routledge.）

② 斜左派（1995）。〈姓「性」名「別」，叫做「邪」〉，《島嶼邊緣》，14，24-31。

③ 成令方、王秀雲、游美惠、邱大昕、吳嘉苓譯（2008）。《性別打結：拆除父權違建》。群學。（原書 Johnson, A. G. [2005]. The gender knot: Unraveling our patriarchal legacy. Temple University Press.）

④ 同註 3。

⑤ 江明親譯（2003）。《性別多樣化：彩繪性別光譜》，頁 171-172。書林。（原書 Vanessa, B. [2001]. The no-nonsense guide to sexual diversity. Verso.）

⑥ 劉泗翰譯（2011）。《性別的世界觀》，頁 23-24、153-154。書林。（原書 Connell, R. [2009]. Gender: In world perspective. Polity.）

⑦ 游美惠（2014）。《性別教育小辭庫》。巨流。

⑧ 同註 7。

⑨ 王君琦（2018）。〈同志、刻板印象與再現政治〉，收錄於陳美華、王秀雲、黃于玲編，《欲望性公民：同志親密公民權讀本》，頁 99-116。巨流。

⑩ Lai, Y. K. (2020). Maid to queer: Asian labor migration and female same-sex desires. Hong Kong University Press.

⑪ 丁乃非（2005）。〈罔兩問景：含蓄美學與酷兒政略〉，收錄於何春蕤、丁乃非、甯應斌編，《性政治入門：台灣性運演講集》，頁 317-400。國立中央大學性／別研究室。

⑫ 同註 7。

⑬ 同註 7。

⑭ 盧省言（2021）。《有毒的男子氣概》。大塊。

⑮ 同註 7。

⑯ 2022 年金鐘獎，將最佳男主角獎頒給由生理女性扮演男主角的陳亞蘭，使其成為臺灣首位女性影帝，某程度上可說是展現了臺灣的多元與進步。

⑰ 總之為了五年五百億就來一場大亂鬥吧（2019 年 6 月 21 日）。取自 https://www.facebook.com/BATTLE500E/photos/2471905312860599

⑱ 蔡依林（2015 年 11 月 11 日）。《【蔡依林 PLAY 世界巡迴演唱會 - 臺北站】「不一樣又怎樣」紀錄片：曾愷芯篇》【Youtube 影片】。取自 https://www.youtube.com/watch?v=USWM5rdM7sU
蔡依林（2015 年 11 月 19 日）。《【蔡依林 PLAY 世界巡迴演唱會 - 臺北站】「不一樣又怎樣」紀錄片：葉永鋕篇》【Youtube 影片】。取自 https://www.youtube.com/watch?v=V_M9ZId2QAY

⑲ 台灣性別平等教育協會（2006）。《擁抱玫瑰少年》。女書文化。

⑳ 臺北市性別平等辦公室「跨性別」網站 https://transgender.taipei/。

㉑ 交織性（intersectionality）描述人們在不同身分位置受到壓迫或缺乏權利的交叉或交匯情況，是我們在社會性別、生理性別、種族、族裔、年齡、階級、社經地位、性向、地理位置、包括身體能力等等相關的歧視，彼此之間的重疊或是相互關聯。法律學者 Kimberlé Crenshaw 在 1989 年創造交織性這個概念，用來分析多樣的歧視、權力以及特權形式是如何交織於黑人女性的生命之中，而當性別歧視與種族歧視被分開討論時，這樣的交織性狀況又如何遭到抹煞，而忽略性別加上種族的加乘作用。取自 http://genderedinnovations.taiwan-gist.net/terms/interactions.html

㉒ 利格拉樂・阿女烏／Liglave A-wu（1996）。〈誰來穿我織的美麗衣裳〉。文化部台灣原住民百年文學地圖。取自 https://fasdd97.moc.gov.tw/home/zh-tw/chinese/4989

附錄：教學相關資源

延伸閱讀書單

1. Badgett, M. L.（2019）侶途：同性婚姻上路後：這世界發生了什麼？（黃思瑜譯）。臺灣商務。

2. Edington, E.（2017）。變身妮可：不一樣又如何？跨性別女孩與她家庭的成長之路（葉佳怡譯）。時報。

3. Hill, J.（2022）當傷害以愛為名：社會如何養出隱形的家庭怪物？人們如何擺脫精神虐待與親密關係暴力（吳湘湄譯）。尖端。

4. Hochschild, A. R.（2017）。第二輪班：那些性別革命尚未完成的事（張正霖譯）。群學。

5. Illouz, E.（2021）。為什麼不愛了：更多自由卻更少承諾，社會學家的消極關係報告（翁尚均譯）。聯經。

6. Krauss, N.（2022）。成為一個男人（施清真譯）。啟明。

7. Manne, K.（2021）。厭女的資格：父權體制如何形塑出理所當然的不正義？（巫靜文譯）。麥田。

8. Marlow-MaCoy, A.（2022）煤氣燈操縱：辨識人際中最暗黑的操控術，走出精神控制與內疚，重建自信與自尊（朱崇敏譯）。麥田。

9. Pascoe, C. J.（2020）。你這個娘炮：校園與同儕如何建構青少年的男子氣概？（李屹譯）。野人。

10. Rooney, S.（2020）。正常人（李靜宜譯）。時報。

11. Srinivasan, A.（2022）。性的正義：誰決定你的性癖好、性對象？絕非你的自由意志，而是階級、權力，還有 A 片調教。怎麼從這些桎梏中解放？（聞翊均譯）。大是文化。

12. Stacey, J.（2019）。解套：愛情、婚姻與家庭價值，西好萊塢到中國西部（李屹譯）。游擊文化。

13. Thiébaut, E.（2022）。月經不平等：一段女性身體的覺醒之路（劉允華譯）。木馬文化。

14. Vincent-Buffault, A.（2022）。眼淚的歷史：情緒、空間與性別，近代法國的感性與濫情（許淳涵譯）。臺灣商務。

15. 上野千鶴子（2022）。妳想活出怎樣的人生？東大教授寫給女孩與女人的性別入門讀本（陳介譯）。這邊。

16. 王盛弘、白先勇、朱天心、李幼鸚鵡鵪鶉小白文鳥、李屏瑤、李桐豪、何景窗、阮慶岳、吳億偉、邱妙津、周芬伶、席德進、許正平、張亦絢、張娟芬、陳克華、陳怡如、陳俊志、陳栢青、陸珊瑚、游善鈞、楊隸亞、廖梅璇、賴香吟、謝凱特、騷夏、羅毓嘉（2022）。刺與浪：跨世代台灣同志散文讀本（楊佳嫻編）。麥田。

17. 王曉丹、余貞誼、方念萱、姜貞吟、韓宜臻、胡錦媛、黃囇莉、楊婉瑩、孫嘉穗、陳惠馨、康庭瑜（2019）。這是愛女，也是厭女：如何看穿這世界拉攏與懲戒女人的兩手策略（王曉丹編）。大家。

18. 台灣同志諮詢熱線協會（2020）。阿媽的女朋友：彩虹熟女的多彩青春。大塊文化。

19. 林奕含（2017）。房思琪的初戀樂園。游擊文化。

20. 紀大偉（2017）。同志文學史：台灣的發明。聯經。

21. 追蹤團火花（2021）。您已登入 N 號房：韓國史上最大宗數位性暴力犯罪吹哨者「追蹤團火花」直擊實錄（胡椒筒譯）。時報。

22. 崔乘範（2020）。我是男生，也是女性主義者（龔苡瑄譯）。EZ 叢書館。

23. 陳聖文、游珮萱、聶薇庭、游珮萱（2020）。甯甯：改編十段真實故事，一個跨性別家庭的親子心聲。國立交通大學出版社。

24. 喀飛（2021）。台灣同運三十：一位平權運動參與者的戰鬥發聲。一葦文思。

25. 楊隸亞（2022）。男子漢。時報。

26. 趙南柱（2018）。82 年生的金智英（尹嘉玄譯）。漫遊者文化。

27. 盧省言（2021）。有毒的男子氣概：從希臘英雄到現代新好男人，歷史如何層層建構「男人」的形象。網路與書。

28. 謝宜安、陳彥仔、巴代、洪郁如、吳佩珍、蔡蕙頻、張志樺、王鈺婷、黃儀冠、李淑君、高鈺昌、曾秀萍、張俐璇、李癸雲、紀大偉、李欣倫、謝欣芩、楊佳嫻、翁智琦、葉佳怡（2021）。性別島讀：臺灣性別文學的跨世紀革命暗語（王鈺婷編）。聯經。

29. 鍾旻瑞（2019）。觀看流星的正確方式。九歌。

30. 顧燕翎（2020）。台灣婦女運動：爭取性別平等的漫漫長路。貓頭鷹。

教學相關網路資源

機關團體	
iWIN 網路內容防護機構網站	https://i.win.org.tw
台灣人權促進會	https://www.tahr.org.tw
台灣同志諮詢熱線協會	https://hotline.org.tw
台灣性別人權協會	http://gsrat.net
台灣性別平等教育協會	https://www.tgeea.org.tw
教育部家庭教育網	https://familyedu.moe.gov.tw
台灣展翅協會	https://www.ecpat.org.tw
台灣基地協會	https://www.gdi.org.tw
同志伴侶衝突暴力諮詢網站	http://lgbt.38.org.tw
行政院性別平等會	https://gec.ey.gov.tw
性別空間	https://genderempowerment.org
社會安全網	https://topics.mohw.gov.tw/SS/mp-204.html
社團法人邊邊女力協會	https://www.flameflame.org
財團法人法律扶助基金會	https://www.laf.org.tw
財團法人紅絲帶基金會	https://www.taiwanaids.org.tw
財團法人張老師基金會	http://www.1980.org.tw
財團法人勵馨社會福利事業基金會	https://www.goh.org.tw
婦女救援基金會	https://www.twrf.org.tw
婦女新知基金會	https://www.awakening.org.tw
婦女權益促進發展基金會	https://www.iwomenweb.org.tw

教育部性別平等教育全球資訊網	https://www.gender.edu.tw
現代婦女基金會	https://www.38.org.tw
數位女力聯盟	https://www.widitw.org
衛生福利部社會安全網	https://ecare.mohw.gov.tw
書店 & 社群媒體	
女書店	https://www.fembooks.com.tw
自己的房間	https://www.facebook.com/aroomone
孩好書屋	https://www.facebook.com/goodforkid2016/
不只是女性主義	https://www.mirrorvoice.com.tw/podcasts/167
浮光書店	https://www.facebook.com/IlluminationBooks/
晶晶書庫	http://www.ginginshop.com
瑯嬛書屋	https://www.facebook.com/l.h.bookstore/
性別好好玩	https://www.mirrorvoice.com.tw/voices/presenter/21
談性說愛	https://portaly.cc/sexchatpodcast
辣台妹聊性別	https://www.facebook.com/TaimeiGenderBar/
數位女力聯盟	https://www.widitw.org
戀愛乾麻醬 ——青春練愛食堂	http://lir.38.org.tw

國家圖書館出版品預行編目 (CIP) 資料

愛情必修學分：Z 世代的情感和性別關鍵字 / 陳維平,
徐婕, 袁詠蓁, 李王瀚, 翁智琦, 蔡孟哲著.
-- 初版 . -- 新竹市 : 國立陽明交通大學出版社, 2023.01
面； 公分 . -- (教育通識系列)
ISBN 978-986-5470-57-9(平裝)

1.CST: 戀愛 2.CST: 兩性教育 3.CST: 兩性關係

544.37   111019645

教育通識系列

愛情必修學分
Z 世代的情感和性別關鍵字

作　　者：陳維平、徐婕、袁詠蓁、李王瀚、翁智琦、蔡孟哲
主　　編：陳維平
策　　劃：張玉佩
責任編輯：程惠芳

封面設計：柯俊仰
插畫設計：鄭涵文
內頁排版：the Band・變設計
校對編輯：賴冠伶、張佳琪、林靖軒

出 版 者：國立陽明交通大學出版社
發 行 人：林奇宏
社　　長：黃明居
執行主編：程惠芳
編　　輯：陳建安、林軒陞
行　　銷：蕭芷芃
地　　址：新竹市大學路 1001 號
讀者服務：03-5712121 轉 50503（週一至週五上午 8:30 至下午 5:00）
傳　　真：03-5731764
E - m a i l：press@nycu.edu.tw
官　　網：http://press.nycu.edu.tw
FB粉絲團：http://www.facebook.com/nycupress
印　　刷：長達印刷有限公司
出版日期：2023 年 1 月一刷
定　　價：350 元
I S B N：9789865470579
G P N：1011200019

展售門市查詢：
陽明交通大學出版社 http://press.nycu.edu.tw
三民書局（臺北市重慶南路一段 61 號）
網址：http://www.sanmin.com.tw　電話：02-23617511
或洽政府出版品集中展售門市：
國家書店（臺北市松江路 209 號 1 樓）
網址：http://www.govbooks.com.tw　　電話：02-25180207
五南文化廣場臺中總店（臺中市臺灣大道二段 85 號）
網址：http://www.wunanbooks.com.tw